STANLEY BITTAR

Faça os seus negócios trabalharem por você

OS 5 PASSOS PARA CRIAR UM ECOSSISTEMA DE ALTO VALOR

Diretora
Rosely Boschini

Gerente Editorial Sênior
Rosângela de Araujo Pinheiro Barbosa

Editora Júnior
Natália Domene Alcaide

Assistente Editorial
Fernanda Costa

Coordenação Editorial
Algo Novo Editorial

Produção Gráfica
Fábio Esteves

Preparação
Amanda Oliveira

Capa, Projeto Gráfico e Diagramação
Desígnios Editoriais

Imagem de Capa
Bernardo Coelho

Revisão
Wélida Muniz e Fernanda França

Impressão
Gráfica Rettec

Copyright © 2023 by Stanley Bittar
Todos os direitos desta edição
são reservados à Editora Gente.
Rua Natingui, 379 – Vila Madalena
São Paulo, SP – CEP 05443-000
Telefone: (11) 3670-2500
Site: www.editoragente.com.br
E-mail: gente@editoragente.com.br

CARO(A) LEITOR(A),
Queremos saber sua opinião
sobre nossos livros.
Após a leitura, siga-nos no
linkedin.com/company/editora-gente,
no TikTok @EditoraGente
e no Instagram @editoragente
e visite-nos no site
www.editoragente.com.br.
Cadastre-se e contribua com
sugestões, críticas ou elogios.

Dados Internacionais de Catalogação na Publicação (CIP)
Angélica Ilacqua CRB-8/7057

Bittar, Stanley.
  Faça os seus negócios trabalharem por você: os 5 passos para criar um ecossistema de alto valor / Stanley Bittar. - São Paulo : Editora Gente, 2023.
  160 p.

  ISBN 978-65-5544-377-6

  1. Desenvolvimento profissional 2. Sucesso nos negócios 3. Finanças
  I. Título

23-4005

CDD 658.3

Índice para catálogo sistemático:
1. Desenvolvimento profissional

A o longo dos anos, vemos cada vez mais empreendedores sur- girem no Brasil. Enquanto alguns negócios prosperam, uma quantidade bem maior precisa encarar a triste realidade de uma conta no vermelho, de poucas perspectivas de crescimento e de comple- ta confusão sobre qual caminho seguir.

Stanley Bittar percebeu que grande parte das falhas ou das dificuldades dos empreendedores surge do princípio de que quem decide abrir o próprio negócio trabalha sozinho... Mas isso não é verdade.

Em um universo que defende a competitividade e a solidão na carreira como fórmula do sucesso, é uma honra lançar este li- vro que nada contra a correnteza e que surfa ondas muito maio- res. Ao criar o modelo de ecossistemas empresariais, Stanley nos mostra que empreendedores podem (e devem) se ajudar, com- partilhar recursos, dividir conhecimentos e crescer em conjunto.

Por mais que pareça difícil imaginar, confie no que o autor tem a dizer: a sustentabilidade da sua empresa está muito mais perto do que você pensa. Mas, para isso, é preciso se abrir para parce- rias e colaborações de outros negócios. Você precisará deixar de lado tudo o que lhe disseram sobre empreendedorismo para que possa mudar a sua mente, e assim, prosperar profissionalmente.

Está preparado para surfar essa nova onda? Então, boa leitura!

Rosely Boschini – CEO e publisher da Editora Gente

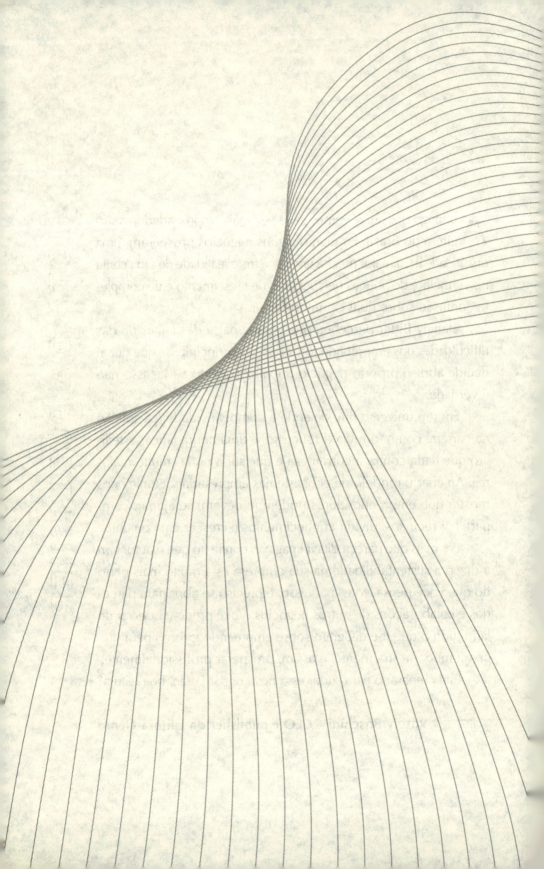

Dedico este livro
aos meus filhos,
Nelson e Alexia.
Dedico também aos
professores que tive ao longo
da vida, todos essenciais
para a minha aquisição de
conhecimento e sabedoria.
Meus mestres,
ofereço a cada um de vocês
meu reconhecimento
e carinho.

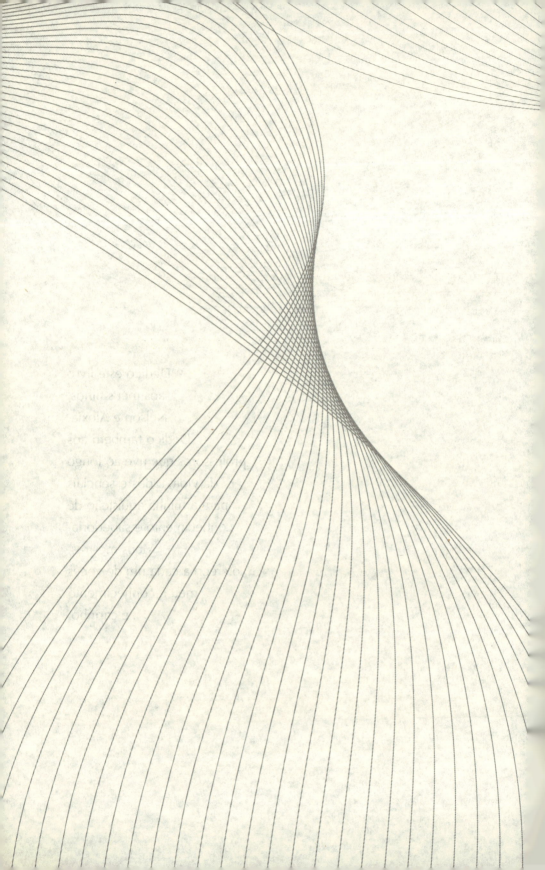

Agradecimentos

Escrever este livro foi um desafio para mim. Sabia da importância de levar minha experiência e conhecimento adquiridos nestes tantos anos empreendendo; não queria ver outras pessoas errando tanto quanto eu errei. Para chegar aqui, porém, tive pessoas muito importantes ao meu lado, às quais devo gratidão.

Em primeiro lugar, e como faço todos os dias, quero agradecer a Deus pela sabedoria, conhecimento e saúde que me proporciona, por me guiar, ajudando-me a fazer as escolhas corretas. Por absolutamente tudo.

À minha família, que sempre me apoiou e esteve presente em todos os momentos da minha vida. Aos meus amigos, que estiveram comigo e acompanharam de perto a minha busca pelo sucesso.

A todos os meus colaboradores e sócios, por acreditarem em mim e me ajudarem a fazer os projetos acontecerem. E aos meus clientes, pela confiança.

A todos vocês, minha gratidão e honra!

Sumário

PREFÁCIO de Roberto Shinyashiki 10

APRESENTAÇÃO de Janguiê Diniz 14

INTRODUÇÃO: O meu ecossistema e o seu ecossistema 16

CAPÍTULO 1: Você está preparado para ter a sua própria empresa? 24

CAPÍTULO 2: Tome o controle da sua vida 34

CAPÍTULO 3: Crie o seu ecossistema e ele trabalhará por você 48

CAPÍTULO 4: Defina seu objetivo 64

CAPÍTULO 5: Identifique as oportunidades de negócio. 78

CAPÍTULO 6: Crie alianças estratégicas 92

CAPÍTULO 7: Desenvolva um plano de negócios 106

CAPÍTULO 8: Execute o plano 126

CAPÍTULO 9: Sua vida está prestes a mudar 140

CAPÍTULO 10: Seja um iluminado 152

Prefácio

SERÁ QUE VOCÊ É UM EMPREENDEDOR SOLITÁRIO a frente de um negócio isolado? Se for esse o seu caso, posso dizer que existe um problema maior do que a limitação dos resultados: o seu desgaste físico e psicológico é o que vai impedir você de criar um ecossistema que alimente a sua vida de oportunidades e possibilidades.

Qual é o maior erro que um empreendedor pode cometer? Na minha opinião, é criar um negócio isolado e para o qual precise, sozinho, buscar soluções para cada problema que aparece.

Um negócio fundamentado no modelo de ecossistema empresarial permite crescimento, inovação e sustentabilidade e, por isso, tem melhores chances de sucesso e proporciona um tempo de vida maior para cada empresa dentro dele. Nesse mundo interconectado, é vital reconhecer, valorizar e investir em seu ecossistema, pois juntos somos mais fortes – e criá-lo de maneira eficaz começa com uma visão clara, passa pela construção de relações genuínas, depois pela compreensão das necessidades do mercado e, por fim, é preciso estar aberto à colaboração.

Quando parte de um ecossistema que se retroalimenta, sua empresa passa a operar de maneira independente, o que proporciona eficiência, permite alcançar mais com menos esforço e possibilita escalabilidade consistente. Em outras palavras, cria a oportunidade de conquistar liberdade financeira, reduz o estresse associado ao gerenciamento e aumenta o valor do negócio. Tornar sua empresa autossuficiente não apenas melhora sua qualidade de vida, mas também fortalece seu potencial de crescimento e valorização.

No que diz respeito à parte financeira, um ecossistema impulsiona as empresas promovendo sinergias operacionais entre as que são do grupo, resultando na diversificação de receitas, o que diminui os riscos e facilita o acesso ao capital, porque atrai investidores que buscam oportunidades de crescimento a longo prazo. Isso é um crescimento sustentável. Agora você entende a incrível trajetória do Stanley Bittar?

Há pessoas que sonham e pessoas que realizam. Stanley é, sem dúvida, alguém que fez de sua visão um legado. Em sua trilha de sucesso, ele não somente caminhou, mas construiu um ecossistema empresarial robusto, pedra por pedra. Quando olhamos para a vasta rede de negócios que abrange saúde, beleza e bem-estar, vemos mais do que empresas florescendo. Vemos a arte da conexão, a magia da colaboração e a evidência incontestável do poder da sinergia.

Médico competente e com várias especializações, ele integra essa profundidade da Medicina a uma personalidade de empreendedor inabalável. Tenho a honra de desfrutar da sua amizade e observo todos os dias a sua generosidade com quem está ao redor. Em duas décadas dedicadas à inovação, o autor trouxe sob seu guarda-chuva indústrias muito diversas, como educação, tecnologia, alimentação e turismo. Esse mosaico não é aleatório, mas sim o reflexo de um visionário que percebeu as infinitas possibilidades criadas pela interação de produtos e serviços.

Se há algo que define Stanley é o mantra *grow or die* (crescer ou morrer). Para ele, a vida não é um mero ato de existir; é um desafio constante de evolução. Inspirado pela sabedoria de Lavoisier, ele nos lembra de que ou estamos progredindo ou retrocedendo. E nesse ritmo pulsante, desafia-se a ser melhor a cada dia. Não é apenas um lema individual, mas uma cultura incorporada em cada canto de seus empreendimentos.

Em 2022, mais de 1,6 milhão de empresas se desvaneceram, porém, sob a liderança de Stanley, seus negócios não apenas sobreviveram como prosperaram. Em um mundo no qual a única constante é a mudança ele nos mostra que a adaptabilidade não é uma opção, mas uma necessidade.

E assim, quando os ventos desafiantes da competição assolam o mercado, Stanley Bittar permanece como um farol para todos nós – um testemunho de que com determinação, visão e a coragem para crescer, podemos não apenas resistir, mas definir o curso da história.

Em cada página deste livro Stanley revela uma verdade universal: crescer é mais do que um sinal de sucesso; é uma ponte para a inovação e a resiliência que reside em cada um de nós. E enquanto mergulhamos nas profundezas deste relato, também somos lembrados de que crescer cegamente não é a resposta. Há riscos. E para superá-los é necessário estratégia e sensatez.

Stanley nos brinda com sabedorias inestimáveis, iluminando nosso caminho na busca por crescimento. Ele nos ensina como caminhar com equilíbrio, ponderando sonhos com a cautela necessária para torná-los realidade.

Prepare-se para uma leitura transformadora. A cada capítulo, a cada história, a cada lição, você encontrará as ferramentas necessárias para moldar o futuro de sua empresa, mantendo-a não só firme, mas pulsante em um cenário de negócios que nunca para de evoluir.

Acredito, assim como Stanley, que cada um de nós tem o poder de ser a mudança que almeja ver. A vida não se resume à mera existência. Ela é sobre criar impacto, valorizar cada momento e, acima de tudo, eternizar nossa marca no mundo. Imagine o que é possível quando internalizamos este pensamento: cada ação que tomamos, grande ou pequena, pode criar ondas de impacto para as gerações futuras. Ler este livro é essencial para quem quer criar uma empresa sólida e aqui você vai sentir o prazer de conversar com o Stanley, assim como nós, seus amigos, temos cada vez que nos reunimos.

E então, está pronto para embarcar nessa jornada transformadora? O legado que você construirá começa agora, e este livro é a bússola que guiará seus passos. Empodere-se. Cresça. Deixe sua marca. Porque o futuro está esperando e está em suas mãos. Eu indico!

Um grande abraço e boa leitura!

Roberto Shinyashiki,
médico, escritor e empresário

Apresentação

O querido amigo e sócio Stanley Bittar é um verdadeiro obstinado. Médico de sucesso, tornou-se também empreendedor de destaque, sempre inovando em sua área e proporcionando qualidade de vida às pessoas. Seu método modificou o mercado de transplante capilar. Seus ensinamentos têm transformado a realidade de milhares de outros empreendedores Brasil afora.

Mais recentemente, ele tem se dedicado a difundir o conceito de ecossistema no mundo dos negócios. Este livro, que você está prestes a iniciar, é um importante guia para quem também quer criar um ecossistema de empresas – e Stanley fala com propriedade sobre o assunto. Como você irá conferir a seguir, ele próprio tem um grande e robusto ecossistema de empresas construído ao longo de anos, que se retroalimenta e expande constantemente. E você também pode criar o seu.

A ideia de formar um ecossistema empresarial é muito positiva. Imagine, por exemplo, em um microcosmo, os diferentes setores de uma empresa. Normalmente, eles são interligados e interdependentes: um trabalha em sintonia com o outro e suas entradas e saídas influenciam os demais. Assim também acontece com um ecossistema de empresas. São negócios afins, que trabalham com produtos ou serviços que, de uma forma ou outra, se comunicam. E é essa interação que deixa todo o grupo mais forte. Mas os pormenores e o aprofundamento ficam a cargo do próprio Stanley, ao longo das próximas páginas.

A mim, interessa adicionar algo que considero importante de se abordar nessa seara. Uma jornada longa, como a de criação de um ecossistema robusto, deve ser trilhada aos poucos, por passos.

Comecemos pelo início: antes de empreender nos negócios, no CNPJ, você precisa ser um empreendedor da vida, no seu CPF. Empreender na vida é ser determinado, focado, obstinado, inovador, criativo, ter resiliência e inteligência emocional, sonhar grande e não desistir de seus sonhos. Só quando você for um bom empreendedor da vida é que estará apto a empreender empresarialmente.

Nessa segunda etapa, a profissional, mais características são necessárias. O empreendedor precisa fazer bom planejamento, traçar estratégias e cumprir seus planos e objetivos com afinco e dedicação. É importante ter conhecimento sobre o negócio, o público, a concorrência. E é aí que o ecossistema começa a se tornar importante. E vamos esclarecer que um ecossistema não precisa ser apenas de empresas exclusivamente criadas por você. Como será ensinado, você pode se associar a empreendimentos já existentes e que tenham *fit* com seu negócio.

Nas próximas páginas, você encontrará um valioso guia, detalhado e aprofundado, para a criação de ecossistemas profissionais. Como empreendedor que já construiu – e segue expandindo – o seu ecossistema, Stanley Bittar tem todas as prerrogativas e a experiência para abordar o assunto com propriedade. Você tem uma grande oportunidade à sua frente. Faça a escolha certa. Seja você também um empreendedor de ecossistema. Dessa forma, além de expandir seu leque de possibilidades e potencializar seus resultados, você impactará positivamente a vida de muitas pessoas, deixando, assim, um legado maior e mais extensivo.

Desejo que seja uma boa e proveitosa leitura. Pratique a leitura ativa, refletindo sobre o que aprender e procurando aplicar na sua realidade. Absorva os conceitos aqui contidos e coloque-os em prática. Afinal, o conhecimento se prova valioso quando praticado. Aproveite.

Janguiê Diniz,
fundador e presidente do Conselho de Administração do grupo Ser Educacional; presidente do Instituto Êxito de Empreendedorismo

O meu ecossistema e o seu ecossistema

INTRODUÇÃO

EU SOU STANLEY BITTAR, cirurgião plástico que ficou conhecido ao criar um programa que democratizou o acesso a transplantes capilares no Brasil. Mas este livro não fala de medicina, nem mesmo do programa capilar que desenvolvi. Este é um livro sobre ecossistemas empresariais. Mas antes de explicar o que isso significa, eu peço licença para contar a minha história.

Empreender é algo que está na minha vida há muitas décadas, antes mesmo da medicina. Tenho pais comerciantes e minha primeira empreitada sozinho nesse território aconteceu aos 18 anos, quando virei administrador. Sim, 18 anos e uma empresa para administrar. Ela não deu certo, mas isso não impediu meus objetivos. Nunca desisti, fui empreendendo de um jeito ou de outro. No total, são mais de vinte e cinco anos empreendendo. Já tive catorze empresas fechadas, fui pulando de um negócio a outro até encontrar o meu caminho para o sucesso no meio empresarial.

O Brasil tem 21 milhões de empresas ativas, das quais cerca de 1,3 milhão foram abertas apenas nos primeiros quatro meses de 2023.[1]

---

1. BRASIL. Ministério do Desenvolvimento, Indústria, Comércio e Serviços. Secretaria da Microempresa e Empresa de Pequeno Porte e do Empreendedorismo. Departamento Nacional de Registro Empresarial e Integração. **Mapas de**

Assim como para mim empreender é a realização de um sonho, esse também é o motivo que impulsiona milhões de brasileiros.[2] E tenho certeza de que cada vez mais empresas serão abertas por esse mesmo motivo. É uma concorrência gigantesca que enfrentamos todos os dias. Quem não está preparado, não sobrevive.

Muito mais do que persistir na tentativa e erro, eu precisei ter muita resiliência para cair e me levantar sempre com o mesmo entusiasmo, sem desistir do meu sonho e sem que esse vaivém se tornasse algo enfadonho e pesado. Para mim, empreender só faz sentido se estiver intimamente ligado à qualidade de vida, à felicidade e à prosperidade. Mas vejo muitas pessoas que, por falta desse conhecimento adequado, desperdiçam tempo, dinheiro e veem seus sonhos serem destruídos. Sem contar os efeitos indiretos de toda essa frustração, como casamentos desfeitos e o surgimento de problemas psicológicos, como ansiedade e depressão. O empreender não existe para fazer as pessoas infelizes. Se for para ser assim, por que empreender? Por que abrir uma empresa?

Empreender é acordar todos os dias confiante no seu trabalho e no seu propósito. É saber que o trabalho o satisfaz e é um dos motivos do seu sorriso. É saber que o que você faz colabora de alguma maneira com a comunidade ao seu redor.

E ainda vou além: para mim, empreender é um estilo de vida. Seria um desperdício passar pela vida sem construir algo, sem ser um executor. É uma maneira de devolver para o Universo aquilo de bom que recebo.

---

empresas: boletim do 1º quadrimestre/2023. Brasília, 29 maio 2023. Disponível em: https://www.gov.br/empresas-e-negocios/pt-br/mapa-de-empresas. Acesso em: 16 jun. 2023.

2. POR que os brasileiros empreendem? Veja o principal motivo. **Azulis**, 5 mar. 2020. Disponível em: https://www.azulis.com.br/artigo/porque-brasileiros-empreendem. Acesso em: 2 mar. 2023.

EMPRESAS QUE SE APOIAM

Nessa minha trajetória pelo empreendedorismo, reparei que grande parte das falhas ou das dificuldades dos empreendedores surge do princípio de que quem decide abrir o próprio negócio trabalha sozinho, cria sua empresa sozinho, faz a gestão sozinho, precisa arcar com todos os desafios sozinho. Mas não precisa ser assim. Os empreendedores podem se ajudar, compartilhar recursos, a gestão e assim, em grupo, aumentarem as chances de sobrevivência – algo similar ao que ocorre com a humanidade.

Depois de estudar muitos métodos de gestão, diversos modelos de negócio e de implementar esses processos em várias empresas, cheguei ao modelo de ecossistemas empresariais, que é definido por uma rede de empresas e organizações que trabalham em conjunto para atingir um objetivo comum. Elas se apoiam, se ajudam, colaboram umas com as outras e compartilham alguns processos, como a gestão de recursos humanos ou o departamento de marketing. Esse modelo permite que a rede de negócios fique mais estruturada e saudável. É o que chamo de sustentabilidade biológica do negócio.

Há uma década eu empreendo por meio de ecossistemas empresariais. Minha primeira tentativa ocorreu em 2010, quando montei um ecossistema com nove empresas diferentes, todas do setor de saúde e beleza. Fui errando, aprendendo e tentando de novo até chegar ao ecossistema de que participo hoje. Durante esse tempo, percebi que existe um padrão que se repete nas empresas que atuam nesse modelo, uma retroalimentação positiva que mantém essas empresas ativas e lucrativas.

A partir dessa minha experiência, concebi um método para que você também seja capaz de criar o próprio ecossistema sem cair na armadilha de problemas corriqueiros como falta de caixa, falta de clientes, falta de investimentos em marketing e vendas, entre outros tantos erros que eu mesmo cometi quando comecei a minha rede.

Para mim, empreender só faz sentido se estiver intimamente ligado à qualidade de vida, à felicidade e à prosperidade.

@stanleybittar

Você perceberá as chances reais de retenção a partir de modelos que foram testados e que funcionam para todos os ramos de negócio. O médico, o dentista, o arquiteto, o lojista... qualquer um desses profissionais tem um produto em mãos para ser vendido e pode criar seu próprio ecossistema, basta saber como.

O que eu proponho para você é que transforme a sua mente. Todos nós podemos ser empreendedores, mas minha missão vai além, é ensinar você a criar um ecossistema de alto valor, com lucratividade constante. Quero que você consiga ter mais clareza para direcionar o seu foco e alcançar resultados exponenciais.

E a estrutura de ecossistema é capaz de trazer tudo isso. O que você vai aprender nas próximas páginas é a trazer a prosperidade para o seu empreendimento. Você verá que, ao criar um ecossistema de empresas, conquistará liberdade, qualidade de vida e tempo para curtir a sua família e caminhar rumo à sua felicidade. E mais: viverá daquilo que ama fazer. Afinal, empreender é viver e viver é empreender.

Vamos lá?

O que
eu proponho
para você
é que
transforme
a sua mente.

@stanleybittar

Você está preparado para ter a sua própria empresa?

CAPÍTULO 1

O DESPERTADOR DO CELULAR TOCA, anunciando que está na hora de começar mais um dia. Antes mesmo de se mexer para desligar o aparelho, a sua voz interna já começa um monólogo incessante: *Eu não quero sair daqui para ir para aquela empresa, aguentar aquelas pessoas e responder para aquele chefe. Melhor continuar aqui na cama. Esse trabalho não me traz nada de positivo, nunca vou crescer na carreira dessa maneira.* E por aí vai.

Quantas vezes isso já aconteceu com você? Uma, duas, três vezes, todos os dias? Nunca aconteceu? Será mesmo?

Essa insatisfação com o trabalho é um problema que vem acompanhando as pessoas há décadas e só piora. Em 2014, uma pesquisa realizada pelo ISMA Brasil (International Stress Management Association) já indicava que 72% dos profissionais brasileiros estavam insatisfeitos com o emprego. Os principais motivos eram falta de reconhecimento, excesso de tarefas a serem cumpridas e problemas de relacionamento.[3] Oito anos depois, em 2022, outra pesquisa,

---

3. 72% das pessoas estão insatisfeitas com o trabalho, aponta pesquisa. **G1 Concursos e Empregos**, 29 abr. 2015. Disponível em: https://glo.bo/1Gvckuf. Acesso em: 12 maio 2023.

dessa vez realizada pela plataforma Empregos.com.br, mostrou que três em cada quatro brasileiros queriam mudar de emprego.[4]

Mas não é por menos. Quem fica feliz trabalhando em um ambiente tóxico? Ou em uma empresa que não tem uma cultura forte? Ou com um desequilíbrio tremendo entre a vida profissional e pessoal? Fica com aquela sensação de que você trabalha demais, dedica-se profundamente ao trabalho e mesmo assim não alcança o resultado que gostaria. E se vê preso a uma rotina exaustiva, da qual não consegue se desvencilhar.

Algumas vezes a insatisfação nem é consequência do trabalho que tem, mas sim da vida que leva. Se esse for o seu caso, você pode até tentar mudar de emprego ou de cargo, mas saiba que pouco tempo depois essa insatisfação volta. É que você também voltará a repetir os mesmos comportamentos que tinha antes, e a insatisfação ressurgirá potente.

No meio desse turbilhão, você sente que o seu lugar não é dentro de uma empresa, trabalhando como funcionário, com carteira de trabalho assinada, mas, sim, empreendendo. Porém, preso à insegurança, não dá um passo adiante, e se mantém nesse sistema que não o agrada mais, vivendo no piloto automático, quase um zumbi.

Tudo isso vira uma bola de neve que só aumenta.

Aí você olha para a pessoa do lado e vê que ela abriu uma empresa e que está se dando muito bem. E se pergunta: *como essa pessoa pode dar certo se ela sabe menos que eu?* A resposta é simples: ela tem coragem, uma mentalidade de crescimento e se preparou antes de começar. Enquanto isso, você permanece apavorado e preso ao mesmo lugar.

---

4. CATTO, A. Três em cada quatro profissionais querem mudar de emprego em 2023, diz pesquisa. **G1 Trabalho e Carreira**, 16 dez. 2022. Disponível em: https://g1.globo.com/trabalho-e-carreira/noticia/2022/12/16/tres-em-cada-quatro-profissionais-querem-mudar-de-emprego-em-2023-diz-pesquisa.ghtml. Acesso em: 12 maio 2023.

É isso mesmo. Às vezes você tem foco, tem força, tem até o conhecimento, mas não tem o preparo adequado para empreender. É como um atleta que quer correr uma maratona. Se já começar com uma prova de 42 quilômetros, certamente quebrará[5] antes de completar metade do percurso, então ele começa devagar. Faz uma prova de 5 quilômetros, depois aumenta 10, os 21 quilômetros da meia maratona, até chegar aos 42 quilômetros.

No empreendedorismo acontece o mesmo: é uma maratona todos os dias. Você tem que se preparar com antecedência e adquirir o conhecimento e estudo adequados para aquela atividade que pretende desempenhar, conhecer o mercado em que quer atuar, o público-alvo... e por aí vai. Repare que eu não estou falando de conhecimento técnico. Quando abri o meu primeiro ecossistema, todas as empresas envolvidas eram da área de saúde, então tecnicamente eu estava preparado para isso, tinha o conhecimento médico especializado mais que necessário para aquele trabalho. Tinha me formado na Europa, já dava aulas em universidades, tinha três mestrados, doutorado, pós-doutorado. Mas me faltava o conhecimento de gestão. Eu não sabia gerir uma empresa, imagina as nove que compunham aquele ecossistema?

Sabendo disso, pergunto: Você já se preparou? Treinou direitinho? Quantas provas de 5 e 21 quilômetros fez antes de chegar à maratona? Quanto tempo levou para completar cada uma delas? Houve uma evolução no seu treinamento? Você treina todos os dias?

São todas etapas que devem ser cumpridas antes de abrir a sua empresa. Mas vivemos em um mundo acelerado, com a ansiedade nas alturas, e as pessoas não querem mais perder tempo aprendendo. O que se busca é passar para o próximo *level*, como se dessa maneira as dores e os problemas se resolvessem sozinhos. Essa fuga o leva para uma zona de conforto e o afasta da realidade. Fato que não o ajudará em nada.

---

5. Quebrar é o termo usado por corredores para descrever quando um atleta não tem mais condições de correr e precisa desistir da prova. (N. E.)

Algumas vezes a insatisfação nem é consequência do trabalho que tem, mas sim da vida que leva.

@stanleybittar

MENTE VOLTADA PARA O SUCESSO

Empreender também não é só uma questão de braço, não é só se dedicar horas e horas, trabalhando de sol a sol para ver seu negócio crescer. Você já deve ter ouvido alguém falar que quem abre uma empresa mata um leão por dia. Eu não concordo com essa expressão, e não é só porque eu sou leonino e gosto muito desse animal. Você não precisa matar o leão, mas, sim, se sentir como um na selva corporativa em que todos os dias é preciso batalhar para mostrar para todo mundo quem é o rei. Empreender, portanto, é mais uma questão intelectual. É a mentalidade de crescimento que mencionei anteriormente.

Quem tem a mente voltada para o crescimento está mais preparado para aguentar os obstáculos, as tempestades, os mares revoltos que a vida vai colocar todo dia na sua empreitada. É por isso que você vê tantas pessoas abrirem empresas e não prosperarem. Elas podem até ter boa intenção, fazer um belo plano de negócios, acreditar em um propósito, uma missão, visão e valores bem elaborados, mas sem uma mente voltada para o empreendedorismo, nada disso adiantará.

Você pode até argumentar: "Stanley, eu tenho aptidão para os negócios". E eu acredito em você. Essa aptidão, dom, temperamento, talento, chame como você quiser, é nata. Mas eu preciso ser bem sincero: isso é só o básico que veio montado de fábrica. Ninguém ganha um campeonato se não treinar a aptidão.

Eu sempre me senti apto para empreender, tanto que em 1998 abri a minha primeira empresa. Mas acreditando que isso bastava, errei durante dezesseis anos. Sério mesmo. Ganhei dinheiro, mas perdi muito, muito, muito mais do que eu ganhei. Vivi todos esses anos correndo atrás do meu rabo.

Empreender é maravilhoso, é energético. Mas empreender não é só acordar e meter a cara. Sem o preparo adequado, sem a mentalidade de crescimento, você conta com a sorte. Eu só consegui achar o meu caminho de sucesso quando entendi que precisava colocar

Você não precisa matar o leão, mas, sim, se sentir como um na selva corporativa.

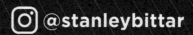 @stanleybittar

foco nos meus erros. Como bom cirurgião que sou, diagnostiquei que perdia dinheiro porque contratava mal, administrava mal, tinha uma péssima assistência jurídica e não sabia lidar com os trâmites financeiros. Eu contava com dinheiro dos bancos para tudo e só me afogava cada vez mais para pagar os juros cobrados.

Eu tive que estudar gestão de empresas, aprender a parte tributária, jurídica, trabalhista, financeira, marketing, comércio, enfim, tudo que complementasse meu conhecimento empresarial para dar certo.

A partir daí, uni três pilares:

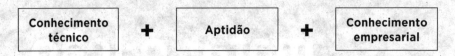

Foi então que minha história como empreendedor começou a mudar. Eu me preparei para ser um empresário de sucesso, para ter um ecossistema, um mundo ao meu redor que funcionasse de maneira positiva para o meu propósito, para meus objetivos e minhas metas. Agora, sim, fazia sentido o meu chamado, o meu dom. Precisei criar um ambiente propício para a minha história evoluir e eu enfim me encontrar onde me encontro hoje.

O FUNDO DO POÇO

O problema é que muitas pessoas não conseguem fazer esse diagnóstico aprofundado. E vão se sentindo cada vez mais frustradas, derrotadas e não enxergam o quanto estão afundando até tocar o fundo do poço. Cada poço é um mundo e cada um tem o seu. E quando encostar lá no fundo, você só tem dois caminhos a seguir: cavar mais e se afundar de vez ou tomar fôlego, enxergar a realidade e ter a atitude de buscar fazer tudo diferente.

Sabe quando você pega um ônibus errado, dorme e só percebe o erro na parada final? Nesse caso, você só resolve o seu problema voltando todo o caminho, né? Então você também vai precisar voltar. Mas voltar para onde?

Você volta para o ponto de inflexão, lá no ponto em que pegou o ônibus, e corrige a direção, corrige a sua rota para não errar mais e acertar de uma vez por todas o caminho que precisa seguir para mudar a sua trajetória. Não é só uma decisão da boca para fora, porque você já conheceu o fundo do poço e decidiu sair de lá.

Eu sei que você deseja construir algo que, de fato, traga felicidade, que colabore para um mundo melhor e que se torne um legado para a sua família. Mas o que o impede de fazer isso?

Siga comigo que você vai entender o que o impede de alcançar esse seu desejo.

Tome o controle da sua vida

CAPÍTULO 2

O BRASILEIRO TEM ÂNSIA POR EMPREENDER. A quantidade de empresas abertas todos os anos – o número passa de 1 milhão de novos CNPJs – é a prova de que ter um negócio próprio é o caminho que muitos de nós escolheu seguir para a realização de um sonho e ainda ter a chance de mudar de vida. Além disso, é a melhor maneira de deixar um legado, seja para os filhos, para a família, para os colaboradores ou até mesmo para a sociedade.

Antes de continuar, porém, eu preciso deixar claro o que é empreender sob o meu ponto de vista. Você não precisa abrir uma empresa para ser considerado um empreendedor. Há pessoas que empreendem dentro da empresa em que são funcionárias. Sempre de olho em melhorar processos, elas têm um olhar apurado para o novo e buscam sempre criar o diferencial em cada âmbito de suas funções. Essas pessoas são muito especiais porque cultivam o comportamento de dono mesmo quando o CNPJ não é delas.

Eu já não acredito naquele padrão do passado em que o sonho de vida do brasileiro médio era prestar concurso para algum órgão público e ali permanecer até a aposentadoria. Ainda que haja algo de estável em ser um funcionário público, essa posição já não faz brilhar os olhos da maioria das pessoas. Como eu cheguei a essa conclusão?

Não me apoiei em nenhum estudo estatístico, mas é o que constato ao conversar com as pessoas e observar quem está ao meu redor. Eu convido você a fazer o mesmo. Pergunte para as pessoas de seus círculos sociais se alguma delas tem o sonho de prestar um concurso público e ser funcionário estatal para o resto da vida. Você verá que poucas dirão que isso é um sonho. Aliás, faço exatamente esta pergunta: Você tem sonho de ser um funcionário público? Se está lendo este livro agora, aposto que a sua resposta é não.

Então se você tem esse sonho de empreender, por que ainda não conseguiu sair do lugar e partir para a ação? No capítulo anterior, eu apontei que muitas empresas fecham porque o empreendedor não se preparou adequadamente e nem se empoderou de uma mentalidade de crescimento. Mas por que essa pessoa não se prepara adequadamente? E por que ela não cria essa mente voltada ao crescimento? Pois é disso que falaremos agora. Vamos voltar um pouco e entender por que esse comportamento não é incentivado no brasileiro.

Imagine que você tem uma ideia incrível de um negócio e começa a mentalizar como seria colocar esse plano em ação. Esse é o nosso cenário inicial. Aí, feliz da vida, você vai conversar com outras pessoas e ouve afirmações do tipo "empreender no Brasil é só para os fortes", "não é fácil empreender aqui", "só louco resolve abrir uma empresa no Brasil" e por aí vai. Certeza de que você ouviu algumas dessas frases e que isso é um fator de desmotivação.

Temos, sim, uma carga tributária alta e difícil de entender, uma economia que muitas vezes não favorece determinados setores, mas acredito que o Brasil é um dos países com mais oportunidades para quem quer empreender. Eu morei catorze anos na Espanha, onde estudei e me formei, mas foi quando retornei ao meu país que consegui começar a realmente formar o meu patrimônio. Com 24 anos, tinha clínica privada e era professor de uma faculdade de Medicina. Se eu tivesse continuado na Europa, dificilmente teria as mesmas oportunidades que tive aqui.

E digo mais: o Brasil é o melhor lugar do mundo para se viver. Praticamente não temos catástrofes naturais, somos riquíssimos em recursos naturais, temos tecnologia de ponta em muitos setores, uma comunidade científica inventiva, capaz e preparada para estar entre as melhores do mundo, basta ser valorizada. Só ainda não ganhamos um prêmio Nobel, a maior distinção concedida a especialistas em determinadas áreas do conhecimento humano, porque não há apoio dentro do nosso próprio país. O médico sanitarista Carlos Chagas (1879-1934), que no início do século XX descobriu a doença que leva seu nome só não ganhou o prêmio Nobel de Medicina porque sofreu uma forte oposição dos cientistas brasileiros que refutavam a existência da doença. Sem esse apoio interno, sua reputação perante os colegas estrangeiros era baixa, e seu trabalho foi olhado com desconfiança.[6] O legado de Chagas só foi reconhecido anos após a sua morte.

Uma coisa é certa: precisamos parar de nos autossabotar. Temos um país pronto para quem quer empreender, para quem quer criar. Estamos em um lugar fantástico, maravilhoso e, como canta Jorge Ben Jor, "abençoado por Deus e bonito por natureza, mas que beleza!".[7]

Você pode estar pensando: *Mas você empreendeu aqui e quase foi à falência mais de uma vez.* Sim, eu errei, bati cabeça, perdi dinheiro, mas não foi o Brasil que me fez errar. O erro foi meu. Nós adoramos ser responsáveis pelo nosso sucesso, mas dificilmente nos colocamos como responsáveis pelos nossos fracassos. Melhor culpar o sistema. Não se coloque nessa posição confortável. Isso nunca o ajudará no processo de empreender.

---

6. BIERNATH, A. O Prêmio Nobel de Medicina que o Brasil merecia ter ganhado. **Veja Saúde**, 7 out. 2019. Disponível em: https://saude.abril.com.br/coluna/tunel-do-tempo/o-premio-nobel-de-medicina-que-o-brasil-merecia-ter-ganhado. Acesso em: 2 jun. 2023.

7. PAÍS tropical. Intérprete: Jorge Ben Jor. *In*: Jorge Ben. Rio de Janeiro: Philips Recods, 1969.

Uma coisa é certa: precisamos parar de nos autossabotar.

 @stanleybittar

Por isso, quando alguém vem com essas afirmações de que o Brasil não ajuda quem empreende, eu devolvo com questionamentos que considero pertinentes: "Você já abriu uma empresa?" ou "Você se preparou de verdade para comandar a própria empresa?". Talvez o erro não esteja no país em que você mora, mas sim dentro de você, que espera sempre que o sistema o alimente de alguma maneira para que seu negócio dê certo. Pense nisso!

A GRAMA DO VIZINHO

Voltando àquele cenário inicial em que você está se preparando para abrir uma empresa ou tem uma ideia inovadora que acredita que dará certo. Mas olha para o vizinho e ele tem uma empresa de sucesso. As dúvidas surgem: será que eu também terei sucesso? Tanto ou mais do que ele? A grama do vizinho sempre vai parecer mais verde que a sua. Isso é uma certeza que todos nós temos. Ainda mais no mundo em que vivemos, onde as redes sociais só expõem os momentos de felicidade e crescimento, nunca as dúvidas e percalços naturais do caminho.

Aquela viagem incrível do colega de trabalho, o carro novo de fulano, a casa gigante de sicrano, o influenciador X que ganhou milhões vendendo maquiagem ou que enriqueceu da noite para o dia fazendo vídeos de trinta segundos e assim por diante. Acredite: você está sendo impactado por uma realidade que não existe. Comparar esse espetáculo das redes sociais com a vida real é se colocar em uma situação de desvantagem constante que só piora a sua sensação de fracasso.

Lembra-se de quando falei que você pode estar se afundando, rumo ao fundo do poço? Pois é justamente esse caminho que está seguindo ao fazer essas comparações. Isso pode piorar ainda mais quando você se perde olhando o perfil do Instagram de alguém que aparentemente tem uma vida muito melhor que a sua. Inerte, você se esquece de que precisa tomar uma atitude e se entrega ao desejo de alcançar a felicidade irreal alheia. É um ciclo vicioso que só piora a sua realidade, pois o faz fugir da dor e não precisar enfrentar o medo de tentar algo novo.

O medo é o maior limitador da raça humana ao mesmo tempo em que é seu maior protetor. Eu sei que parece meio contraditório, mas vamos lá. Existe alguém que não sente medo? Claro que não. A diferença está em como lidar com esse sentimento, tomando-o como positivo ou negativo na sua vida. Mas é preciso enxergá-lo e aceitá-lo. Negá-lo jamais. O que não é certo é ter ansiedade, depressão e angústia causadas pelo medo. Quando você percebe que não vai conseguir entregar aquele relatório a tempo ou não vai conseguir bater a meta de vendas que havia colocado no seu planejamento, imediatamente tem aquela sensação de fracasso, um sofrimento que parece não ter fim. Isso é provocado pelo medo.

O medo é o início de toda ansiedade e angústia que você sente. Se você não tem autocontrole, se não tem autoconhecimento para trabalhar o medo e entendê-lo, não vai prosperar na vida. Sempre estará limitado à força desse sentimento impedindo a evolução. Rita Lee dizia que "o medo de sofrer é pior que o sofrimento em si".[8] O medo enferma. Ele consegue nos adoecer sem nem mesmo parecer estar presente, sem que percebamos que nos bloqueia.

Minhas empresas estão avaliadas em mais de meio bilhão de reais. Pode ser que daqui um ano ou dois essa avaliação alcance um bilhão, dois bilhões. Eu não tenho medo de perder tudo – isso não significa que eu **quero** perder tudo –, pois já passei por isso e me reergui. Eu aprendi a lidar com o meu medo de maneira que o risco me atrai. Isso significa que eu perdi o medo de arriscar? Não, eu continuo com medo, só que ele me permite avaliar a situação e arriscar até onde entendo que não seria fatal para os meus negócios. Ele me protege. Sabe

---

8. FAUS, C.; GUERREIRO, F. Rita Lee por (ir)Rita Lee. **Elle**, 17 maio 2023. Disponível em: https://elle.com.br/colunistas/rita-lee-por-irrita-lee. Acesso em: 2 jun. 2023.

aquela história de que nós temos que deixar os filhos se machucarem para que aprendam a se virar sozinhos? Quando uma criança está andando de bicicleta em um terreno plano, ok. Nesse caso, se cair, no máximo, ficará todo ralada. Mas se quiser andar perto de um precipício, você não vai deixar. Nós temos que tratar o nosso medo como uma criança. Temos que doutrinar o medo, controlá-lo, manipulá-lo, e não o contrário. Lembre-se: é você quem deve estar no controle.

Assim, o medo será positivo porque não o domina, ele não é o seu dono. Você o usa como elemento protetor e ele não tem poder sobre você. Eu já andei a 360 km/h em uma estrada, já saltei de paraquedas, já fiz muitas loucuras. Era uma época em que eu adorava desafios. Mas o medo me trouxe a certeza de que eu não precisava mais disso, que essas coisas não faziam mais sentido para mim. Portanto, é muito bom ter medo, mas é preciso controlá-lo. Ele deve protegê-lo, não o anular.

AMBIENTE DE CRESCIMENTO

Então você quer abrir uma empresa e começa a conversar com as pessoas ao redor sobre essa possibilidade. A troca de informações sempre é muito importante e pode ajudar você nesse início em que ainda está adquirindo conhecimento. É o famoso networking. Mas qual é a lição número 1 quando você precisa aumentar a sua rede de relacionamentos para tirar algum valor para si mesmo? Conhecer as pessoas certas, frequentando ambientes de crescimento.

O escritor estadunidense e coach motivacional Jim Rohn (1930--2009) defendia a teoria de que somos a média das cinco pessoas com quem mais convivemos.[9] Ou seja, se eu só ando com atleta olímpico,

---

9. GROTH, A. You're the Average of the Five People You Spend the Most Time With. **Business Insider**, 24 jul. 2012. Disponível em: https://www.businessinsider.com/jim-rohn-youre-the-average-of-the-five-people-you-spend-the-most-time-with-2012-7. Acesso em: 3 jun. 2023.

qual é a chance de que eu vire um pangaré? Pois bem, se você está cercado de pessoas que não têm a mentalidade de crescimento, que não planejam o futuro, que não têm grandes ambições na vida, como você vai ser motivado a crescer também?

O que acontece é que o ambiente em que você vive influencia o que você pensa e como age. Se você se cercar de pessoas interessantes e desafiadoras, provavelmente se tornará cada vez mais como elas. O oposto também vale. Se ficar perto de pessoas negativas, que não estão alinhadas com seus objetivos e valores, provavelmente minará a sua força de vontade e motivação para buscar o novo, criar e crescer.

Também vale fazer a sua parte para criar esse ambiente de crescimento. Quando eu estava na sétima série, o que hoje seria o oitavo ano do ensino fundamental, comecei a dar aulas de reforço de matemática para os meus amigos. Às vezes, eu estava aprendendo em sala de aula o que ministraria no reforço de mais tarde. Portanto, eu estava criando um ambiente propício para o meu aprimoramento, tanto que me tornei professor universitário mais tarde. Vamos a outro exemplo: sabe quando você está em um lugar e chega uma pessoa alto-astral? Pode reparar que todo mundo fica bem. Portanto, o ambiente muda a frequência. Mas a frequência também muda o ambiente.

Então se você quer ter sucesso, pense se não é daqueles que vive com um pensamento pessimista, fazendo a si mesmo acreditar que tudo dará errado. Daqueles que não têm foco; que vivem procrastinando as tarefas que precisam ser feitas; que chegam atrasados nos compromissos; que andam com as costas curvadas, passando a sensação de que está sempre cansado. Me responda com sinceridade: como uma pessoa assim consegue resultado? Ela pode estar no melhor ambiente do mundo, mas se a própria frequência não for boa, não adianta nada.

A mesma regra vale para os hábitos que você mantém. Quem se alimenta mal, não faz exercícios físicos, não dorme adequadamente e não procura uma força espiritual – qualquer que seja a crença –, não se prepara da maneira adequada para mudar a frequência da vida. Guarde toda essa informação por enquanto, pois no Capítulo 9 vamos voltar a falar sobre o tema e discutir como esses hábitos ruins minam a motivação.

Quando você não busca ser o melhor, deixa de criar esse entorno adequado para o seu próprio crescimento. Você é o governante do seu mundo, essa é a sua obrigação como comandante de si. Quem comanda a sua vida não é você? Então governe-a.

OBJETIVOS BEM DEFINIDOS

De novo vou pedir para você voltar ao cenário inicial, aquele em que está empolgado para abrir aquela empresa com que sempre sonhou, acreditando que vai dar certo. Mas será que você já definiu os detalhes dessa empreitada? Já avaliou friamente se tem conhecimento suficiente para seguir em frente?

Um dos grandes erros de quem quer empreender é não ter clareza dos seus objetivos nem um plano de ação adequado. Também falta clareza em relação ao sucesso que se pretende atingir e conhecimento de si mesmo e de suas habilidades. É o que chamamos de autoconhecimento.

Todos nós nos apoiamos em uma balança em que de um lado está o nosso desenvolvimento pessoal e do outro está o desenvolvimento profissional. Os dois lados precisam se manter em equilíbrio para que estejamos bem. Para qualquer ser humano prosperar, ele precisa ter uma boa reputação, honrar seu nome, ser uma pessoa que se preocupa com quem está ao seu redor, que conhece o próprio impacto na sociedade na qual está inserido. O seu desenvolvimento vai sempre do pessoal para o profissional, então não dá para ser uma pessoa no CPF e outra no CNPJ, não se engane.

Quando você entende esse equilíbrio, começa a ter objetivos mais claros, e aí sim estará pronto para construir o seu castelo, estruturando a sua vida privada e empresarial. É o que chamo de estruturação PP:

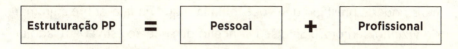

Eu posso citar várias pessoas que cresceram apoiadas nessa estrutura: Paulo Vieira, Tony Robbins, Janguiê Diniz e Tiago Brunet são alguns exemplos de excelência. Todos eles falam de desenvolvimento humano, a base sólida para sua vida.

Quem entende esse conceito, alcança a verdadeira riqueza. E ser rico, que fique claro aqui, não é só ter dinheiro; é ter o que importa. ==Essa é a riqueza na sua forma mais ampla: riqueza na saúde, riqueza familiar, riqueza espiritual, riqueza ecológica.== Eu tenho tudo isso como a condição *sine qua non*[10] para a pessoa falar de sucesso.

O que colabora para uma interpretação errada do conceito de sucesso é a expectativa que as pessoas têm do sucesso, já que o colocam como a cura de todos os males. Grande engano. Sucesso não existe para curar nada; se você precisa de sucesso para ser feliz, não vai ser feliz. Se você precisa de sucesso para ser saudável, esqueça, você não será saudável. Se você acha que precisa de sucesso para ser rico, não será rico. Se entende que necessita de sucesso para algo, sinto lhe informar, mas não passará de mais uma pessoa frustrada, que só vai correr atrás do sucesso o tempo todo. Dessa maneira, buscando o que não existe, dificilmente o alcançará.

Tem gente que acha que terá sucesso quando conseguir comprar aquele avião igual ao do influenciador; o barco para passear na praia aos fins de semana ou até mesmo quando conquistar aquele parceiro ou parceira dos sonhos e ter os filhos mais perfeitos do mundo. Sabe a famosa família margarina? Pois bem, isso não é ter sucesso.

O sucesso não é palpável, ele está na essência. É o **ser** e não o **ter**. Porque sempre haverá alguém com mais dinheiro, com mais fama,

---

10. *Sine qua non* é uma expressão em latim que significa "sem a qual não pode ser". (N. E.)

mais poder e prestígio que você (olha lá o que eu falei sobre a grama do vizinho, lembra?). Se o seu conceito de sucesso estiver atrelado a esse tipo de conquista, saiba que você nunca o alcançará, pois o que conquistar nunca será suficiente. Será mais um insatisfeito crônico.

Ora, mas ser um permanente insatisfeito não leva as pessoas a buscar o crescimento, à superação? Esse pensamento até faz sentido, mas há um porém nessa ideia. Satisfação é plenitude, integralidade, é se sentir completo da maneira que vive e naquilo que realiza. Já a insatisfação é o contrário de tudo isso. Se você não se sente completo, como vai correr atrás dos seus sonhos? De novo, volto a reforçar a importância do autoconhecimento. Eu, por exemplo, sou um satisfeito pela vida de construção e crescimento que tenho. Estou sempre criando, construindo, reformulando, colocando novas ideias para rodar. Isso não é resultado de uma insatisfação, mas sim de uma inquietação.

Não estou falando que você não pode ter todas essas coisas e situações que descrevi. Claro que pode, e até mesmo merece-as quando isso for resultado do seu esforço. Mas você precisa gozar do percurso, passando etapa por etapa, vivendo cada uma delas. É uma construção, não um prêmio na chegada. Até porque não existe linha de chegada.

O que mais vejo é uma confusão que leva as pessoas a começar a empreender de maneira errada e pelos motivos errados. Em vez de falar em construir, em edificar, elas falam de lucro. Se preocupam em ostentar para a sociedade o que alcançaram e não querem passar pelas fases mais duras e pesadas, mesmo que obrigatórias. Quem me vê administrando meu ecossistema, dando palestras e inaugurando novas clínicas pelo país pode até pensar que comecei assim. Mas a minha história começou quando eu tinha 17 anos e fui morar em Cuba. Passei seis meses lá e consegui uma bolsa de estudos – isso mesmo, eu fui bolsista! – para estudar medicina na Espanha. Era uma mochilinha nas costas e uma vontade gigante de crescer. Minha mente, mesmo naquela época, já estava mirando o sucesso. Passei vários perrengues, não vou mentir. Continuo indo para a Europa, mas agora viajo na primeira classe do avião e faço um passeio de barco relaxante no rio Sena. Antes eu só olhava as pessoas passeando e sonhava com a minha vez. Mas foram etapas que eu precisei passar para entender quais eram os meus objetivos, entender como construir o meu castelo e, finalmente, ter o sucesso desejado.

PERSPECTIVAS SOBRE O ECOSSISTEMA

Eu sei que você quer crescer e expandir, que quer dominar o mundo, mas para tudo isso é preciso **estratégia**. Acreditar que montar um ecossistema é só unir um monte de empresas é um erro. Achar que uma vai pagar a conta da outra quando o caixa não fechar é um erro maior ainda. Se você pensa dessa maneira, vai ficar paralisado no mesmo lugar, isso se não der muitos passos para trás. Foi o que aconteceu comigo.

Eu montei meu primeiro ecossistema sem entender nada de gestão. Deu tudo errado. Eu não tinha maturidade para entender esse conceito. Eu até poderia dominar o mundo só fazendo transplante capilar, minha especialidade, porém sou um inquieto, lembra-se? Entendi que quando junto várias peças de um quebra-cabeças, faço um quadro muito maior. E se faço um quadro maior, tenho uma perspectiva de ecossistema. "Eco" vem do grego *oikos* e significa casa, habitat, lugar. Se eu quero ser dono da casa, se quero controlar, eu tenho que ter um sistema, um mecanismo para alcançar minhas metas e objetivos.

Vamos trazer esse conceito para a gestão de empresas. Um ecossistema, nesse contexto, são empresas que convivem e que colaboram entre si. E esse é o assunto do próximo capítulo. Siga comigo para entender o que é um ecossistema empresarial e como criar um formato eficiente desse modelo vai mudar o rumo da sua vida.

Crie o seu ecossistema e ele trabalhará por você

CAPÍTULO 3

ENTENDER QUE MINHA FORMAÇÃO TÉCNICA como médico e doutor em cirurgia plástica não bastava para me tornar um grande empreendedor foi o ponto-chave da minha carreira. Eu tinha que estar muito bem-preparado nas duas versões. De um lado eu era o médico, referência em transplantes capilares. Do outro, era o empresário responsável por gerir aquele negócio que eu mesmo havia criado. E era esse segundo personagem que exigia de mim um esforço gigantesco de conhecimento.

Eu digo que esse momento foi muito importante porque a partir dele passei a estudar tudo sobre gestão e modelos de negócio. Foi quando parei de ser o cirurgião para me dedicar a ser o gestor do negócio que minha história mudou. Essa imersão, inclusive, ajudou a criar o meu ecossistema empresarial.

Mas antes de falar de empresas, vamos falar um pouco sobre biologia. Isso mesmo. Nas ciências biológicas, o termo ecossistema refere-se à dinâmica entre seres vivos, o ambiente em que vivem e as relações deles com o meio e entre si.[11] Nesse sistema, um depende do outro para sobreviver.

---

11. RESUMO de Biologia: ecossistemas. **Guia do Estudante Estudo**, 16 maio 2017. Disponível em: https://guiadoestudante.abril.com.br/estudo/resumo-de-biologia-ecossistemas. Acesso em: 20 maio 2023.

O ecossistema empresarial copia essa ideia: uma rede de empresas trabalha em conjunto para um objetivo comum. De acordo com o Sebrae (Serviço Brasileiro de Apoio às Micro e Pequenas Empresas), esse modelo de negócio ganhou força a partir da década de 1990, quando muitas empresas perceberam que sozinhas não tinham conhecimento nem tecnologia suficiente para expandir. Essas organizações passaram então a cooperar com pequenas empresas e fornecedores para a entrega de produtos ou serviços e para aumentar o investimento em inovação.[12] Uma empresa ajuda a outra e todos saem ganhando.

Essa retroalimentação – trabalho em sinergia aproveitando as oportunidades de crescimento – é uma das principais características dos ecossistemas empresariais. Nessa dinâmica, o sucesso de todo o ecossistema é muito mais importante do que pequenas vitórias, ou até mesmo do que evitar derrotas individuais. Ela serve para criar valor tanto interno quanto para os clientes externos. Não vai adiantar criar um ecossistema se, na ponta, o cliente não for beneficiado de alguma maneira. Assim como não vai adiantar criar todos esses negócios se eles não se beneficiarem entre si. E mais: operamos em um sistema de habitat equilibrado, ou seja, vantajoso para todos os envolvidos. Não vale servir apenas ao leão, o negócio tem que ser bom para todos os animais do reino.

Mas quando comecei a empreender, eu não tinha todo esse conhecimento de ecossistema e o seu funcionamento. Baseado no que estava estudando sobre gestão, eu fui, de maneira intuitiva, conectando os pontos entre as empresas que eu já tinha e criando novas dentro desse modelo. Essas conexões se transformaram em negócios que se multiplicaram e deram um resultado espetacular. Quando você cria um modelo de negócios que é bom, ele pega fogo sozinho.

---

12. CONHEÇA os benefícios de construir um ecossistema na sua empresa. **Sebrae**, 30 jan. 2023. Disponível em: https://sebrae.com.br/sites/PortalSebrae/ufs/pe/artigos/conheca-os-beneficios-de-construir-um-ecossistema-na-sua-empresa,202f290599406810VgnVCM1000001b00320aRCRD. Acesso em: 20 maio 2023.

O ECOSSISTEMA AMAZON

Um dos mais conhecidos entre os maiores ecossistemas é o da Amazon. Nascida como livraria on-line em 1994, o negócio cresceu de uma maneira avassaladora e ao conhecido serviço varejo de múltiplos produtos foram somadas empresas como Amazon Prime, Kindle, Alexa, Amazon Fresh, Twitch, Amazon Payments, AWS (Amazon Web Services), Amazon Media Group (AMG), entre outras. Ou seja, a Amazon é uma varejista, mas também uma empresa de distribuição e logística, de entretenimento, de pagamentos, de alimentação, de *cloud computing*, de tecnologia e até mesmo uma plataforma de compra de anúncios digitais.

O site da Amazon*

O e-commerce está envolvido com uma série de negócios e indústrias.

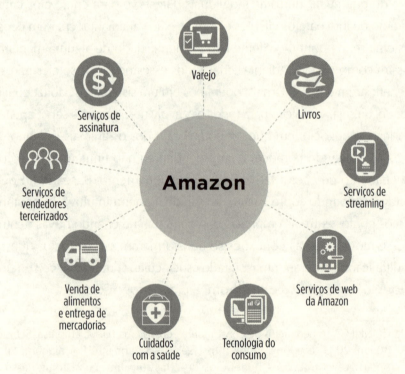

* YASAR, K.; WIGMORE, I. **Amazon**. Disponível em: https://www.techtarget.com/whatis/definition/Amazon. TechTarget, jun. 2022. Acesso em: 3 ago. 2023.

Mas o que torna a Amazon um ecossistema é o fato de uma empresa estar interligada com a outra. Repare que cada segmento de negócio desempenha determinado papel no consumo de outros tipos de produtos e serviços do mesmo ecossistema.[13] Um exemplo prático é o Kindle. Você compra o equipamento que permite ler livros digitais, mas de onde você compra esses livros? Da própria Amazon. Assina o Amazon Prime para assistir a filmes em streaming e ganha frete grátis no site e entrega rápida, estimulando ainda mais o consumo dentro do ambiente da própria empresa. E todo o sistema é integrado, então, na maioria das vezes, o consumidor nem percebe que está consumindo um produto de outra empresa, pois estão todas no mesmo ambiente. Dentro desse raciocínio, um elemento ajuda o outro e o processo fortalece a marca como um todo.

Como definiu a *Forbes* em um artigo de 2019, "Jeff Bezos e suas empresas são uma ilustração poderosa do poder que flui da construção bem-sucedida de um ecossistema de negócios – uma forma organizacional que está ganhando força rapidamente no mundo dos negócios. Até recentemente, muitas empresas, na verdade setores inteiros, podiam agir como silos isolados. Agora, três coisas mudaram: primeiro, a revisão regulatória que abalou as coisas. Em segundo lugar, a digitalização permitiu conexões de baixo custo entre as empresas. E em terceiro lugar, a modularização do tipo Lego criou maneiras completamente novas de conectar produtos e processos".[14] E nesse quesito, Jeff Bezos, o fundador da Amazon, é um gênio.

---

13. DUDOVSKIY, J. Amazon Ecosystem: A Brief Overview. **Business Research Methodology**, 27 mar. 2022. Disponível em https://research-methodology.net/amazon-ecosystem-a-brief-overview-2/. Acesso em: 23 maio 2023.
14. JACOBIDES, M. G. Amazon's Ecosystem Grows Bigger and Stronger by the Day. Should We Be Worried? **Forbes**, 9 maio 2019. Disponível em: https://www.forbes.com/sites/lbsbusinessstrategyreview/2019/05/09/amazons-e-cosystem-grows-bigger-and-stronger-by-the-day-should-we- be-worried. Acesso em: 23 maio 2023.

Assim como a Amazon, existem outros ecossistemas bem conhecidos no mundo empresarial. Na indústria do luxo, a LVMH, detentora de marcas conhecidas e desejadas como Louis Vuitton, Christian Dior, Rimowa, Fendi, Emilio Pucci, TAG Heuer e Tiffany, possui um ecossistema com 75 marcas no total – isso enquanto este livro estava sendo escrito. Além do setor de moda, ela atua no setor de bebidas, artigos de couro, perfumes, cosméticos, relógios e joias, varejo, turismo, finanças e comunicação. De acordo com a própria organização, o seu modelo de negócio é baseado no controle de todos os elos da cadeia de valor, desde o fornecimento da matéria-prima até a gestão das próprias redes de varejo.[15]

No Brasil, o grupo Ser Educacional, uma das maiores organizações voltadas para o ensino superior do país, é um exemplo de ecossistema. Começou em 1994 como uma escola preparatória para concursos e, aos poucos, foi agregando outras instituições até que, nove anos depois, virou o grupo educacional. No seu ecossistema estão instituições de ensino superior como Unama, Uninassau, UNG, Uninorte, Uninabuco, Unifael, além de outras empresas de apoio como a administradora de eventos BJ Feiras e Congressos e a plataforma de recrutamento Peixe 30. São 55 unidades distribuídas em todos os estados do país e no Distrito Federal.[16]

Outro exemplo nacional é a Ambev, que, no Brasil, representa mais de duzentas marcas de bebidas, e vai de cervejas e chopes a refrigerantes, sucos, isotônicos, energéticos, águas e chás.[17]

O Grupo Globo, composto por Globo, Editora Globo, Sistema Globo de Rádio, Fundação Roberto Marinho e Globo Ventures – e cada

---

15. GROUP. **LVMH**, [*s. d.*]. Disponível em: https://www.lvmh.com/group/. Acesso em: 2 jun. 2023.
16. INSTITUCIONAL. **Ser Educacional**, 2021. Disponível em: https://www.sereducacional.com/institucional.html. Acesso em: 30 jun. 2023.
17. NOSSAS marcas. **Ambev**, 2022. Disponível em: https://www.ambev.com.br/marcas. Acesso em: 30 jun. 2023.

um deles com suas tantas subdivisões – também é um ecossistema, apesar de se definir como um conglomerado.[18] Aqui vale um esclarecimento. O funcionamento de um aglomerado, de um conglomerado, de um *trust*, apesar de terem suas particularidades, seguem a linha de um ecossistema, pois também possuem essa retroalimentação positiva. Voltando no exemplo do Grupo Globo, se você é um assinante GloboPlay, além dos programas exclusivos da plataforma, tem acesso também a toda programação da TV Globo e dos canais do sistema Globosat, além do Premiere. Dali consegue também ir para o e-commerce e adquirir produtos de algum programa específico, como o BBB. Vê que uma coisa vai ligando a outra, independentemente do nome que se dê a esse sistema? Essa é a lógica dos ecossistemas.

O MEU ECOSSISTEMA

O meu ecossistema começou a ser construído em uma área que conheço bem: a educação. Já contei aqui que eu dei aulas particulares desde o ensino fundamental e depois fui professor universitário. Aos poucos, fui incorporando outros negócios até chegar onde estou neste momento. Provavelmente, quando você estiver lendo este livro, novos negócios já terão sido incorporados.

Meu ecossistema é composto por mais de sessenta *fronts* diferentes de negócios que se interligam de alguma maneira. Além da educação, atuo em saúde, beleza, bem-estar, tecnologia e finanças. A progressão foi exatamente nessa sequência. Comecei com formação técnica de médicos, depois empresas voltadas a medicina, beleza e bem-estar. Posteriormente sentimos a necessidade de ter tecnologia dentro de casa e investimos no setor, e o mesmo ocorreu com a área financeira (banco digital, meio de pagamento e fundo de investimento).

---

18. QUEM somos. **Grupo Globo**, [*s. d.*]. Disponível em: https://grupoglobo.globo.com. Acesso em: 28 jul. 2023.

Veja como funciona o meu ecossistema enquanto este livro está sendo escrito:

"Stanley, você é proprietário único de todas essas empresas?" Não, eu tenho sócios em todas elas. Lembra-se quando falei sobre a necessidade do conhecimento adequado? No meu ecossistema, procuro experts em cada área. Por mais que eu tenha estudado, nunca conseguiria ser especialista em sessenta *fronts*. Eu conheço, sim, cada uma das áreas, mas não sou especialista. Diariamente, discuto com os meus sócios as melhores soluções para determinadas situações. Nosso tempo é precioso. Quando incorporo sócios, conseguimos (juntos) fazer mais e melhor. Temos um ponto de interseção, quanto mais somamos, mais ganhamos abrangência para expandir no mercado, mais crescemos e lucramos. Juntos, enxergamos as oportunidades de expansão.

Querer fazer algo de maneira isolada, egoísta, única e pessoal é muito mais difícil do que empreender em um ecossistema com vários sócios. Aliás, dentro desse modelo eu teria outros cinquenta ou cem

Vê que uma coisa vai ligando a outra, independentemente do nome que se dê a esse sistema? Essa é a lógica dos ecossistemas.

@stanleybittar

sócios tranquilamente. Não é uma relação de competição, mas sim de cooperação. É o mutualismo empresarial. Na natureza, o mutualismo é uma relação ecológica entre indivíduos de espécies diferentes em que todos se beneficiam pela interação, formando uma relação harmônica. É o caso das formigas com as acácias. A planta fornece alimento e abrigo a esse inseto, que em contrapartida, protege o vegetal atacando os herbívoros, cortando plantas que crescem próximo a ela e ainda livrando-a de fungos.[19] Todos cooperam, assim como no ecossistema empresarial.

Não sei se você já ouviu falar em um bosque que se chama Pando. Ele fica no estado de Utah, nos Estados Unidos, e é considerado o maior organismo vivo do mundo. Ao olhá-lo, você tem a impressão de que está em uma floresta. Mas não. Trata-se de uma árvore que alimenta outra e novas vão surgindo. Ou seja, elas colaboram umas com as outras para aumentar o sistema. Vivem interconectadas. Eu fico admirado com como a natureza nos ensina tanto. Observando essa árvore, o paralelo com o ecossistema de empresas que eu proponho neste livro é inevitável.

No ecossistema empresarial, uma empresa se conecta a outra, que se conecta a outra e todas vivem sob o mesmo guarda-chuva, se apoiando. É a retroalimentação positiva que eu mencionei no início deste capítulo.

Além de se ligarem para oferecerem uma gama de produtos diversificados, elas também se interligam para suprir as necessidades internas. Em certo momento, reparamos que se tivéssemos uma empresa própria fornecendo, por exemplo, os materiais usados em nossas cirurgias de transplante capilar, poderíamos economizar tempo e dinheiro e lucrar mais. Também criamos um Centro de Comando Compartilhado (CCC) que funciona como o cérebro da holding. Nela

---

19. SANTOS, V. S. dos. Mutualismo. **Brasil Escola**, 2023. Disponível em: https://brasilescola.uol.com.br/biologia/mutualismo.htm. Acesso em: 2 jun. 2023.

estão a gestão financeira, tributária e contábil, o RH, o setor jurídico, a gestão de marketing e publicidade e a gestão de dados, por exemplo. O CCC é verticalizado e compartilhado com todas as empresas do ecossistema. Em alguns casos, os *squads* são iguais para todos e em outros são específicos para cada negócio. Mas o importante é que a conta fica paga dentro de casa!

Com essa estratégia, ganhamos mais capacidade, mais velocidade e mais eficiência, eficácia e efetividade. É a tríade EEE. A empresa cuida da parte técnica, de melhorar seus processos, atender melhor seus clientes, captar novos clientes. Enquanto isso, a parte burocrática é assistida pelo CCC.

Como empreendedor que vai gerir um ecossistema, preocupe-se em criar esse cérebro. Claro que ele não precisa surgir no mês um do ecossistema, mas conforme ele for crescendo, essa estrutura trará uma tração importante para os seus negócios.

Se você ainda está em dúvida se essa é uma boa estratégia para o negócio que está na sua cabeça e que você tanto sonha em colocar em ação, vou citar outras vantagens de se empreender em ecossistema:[20]

- **Fortalecimento da marca**: Como as empresas se apoiam, a entrega de produto ou serviços tende a ser de alta qualidade. Outra coisa: quando um cliente adquire um produto e depois descobre que outros produtos e serviços são do mesmo grupo, ele tem uma percepção melhor da marca em si.
- **Aumento da produtividade**: As parcerias estabelecidas entre as empresas diluem burocracias que comumente envolvem as parcerias comerciais. Enquanto isso, a gestão direciona o seu foco para questões essenciais ao negócio, aumentando a produtividade.

---

20. SEBRAE. *op. cit.*

- **Aumento do alcance da marca**: Conforme a marca vai melhorando os seus processos e agregando mais negócios ao ecossistema, ela cria um sistema de relações. Isso representa uma troca não só de recursos, mas também de público, aumentando o alcance do empreendimento.
- **Aumento da margem de lucro**: O fortalecimento da marca consequentemente aumenta as vendas dos produtos do ecossistema. Além disso, as parcerias estabelecidas visam, também, a diminuição de custos. Quando você diminui os custos, sua margem de lucro cresce!

Esse último quesito merece atenção. Não vou ser hipócrita e dizer que você não tem que lucrar. As empresas existem para melhorar a sua vida e a das pessoas ao seu redor. E é justamente isso que merece uma reflexão. O lucro é a fórmula matemática mais clara, mais transparente para dizer que seu ecossistema é positivo. Mas ele só vai ser pleno quando fizer bem a todos os envolvidos. Tem que promover uma transformação positiva a quem compra, a quem trabalha, à comunidade. Não adianta ter um ecossistema dos melhores do mundo, lucrativo, em franco crescimento, se está prejudicam outras pessoas. Um dos compromissos da gigante LVMH, por exemplo, é investir recursos e habilidades de volta na comunidade. "As iniciativas que patrocinamos trazem benefícios tangíveis e duradouros para a sociedade como um todo", declara o grupo da indústria de luxo.[21]

Portanto, modelos de negócios que tiram proveito das pessoas, que têm um lado obscuro, danoso, não têm vida longa. O lucro vem, mas vai ser pontual.

Para ser plena, a sua riqueza precisa estar ancorada em 5 Cs. São eles:

---

21. LVMH, *op. cit.*

Repare que o C de cultura e de conexões envolve todo o ecossistema. Isso precisa ficar claro para todos os sócios, todos os colaboradores. Eles têm que compartilhar da sua loucura; do contrário, você se envolverá com parcerias e parceiros errados.

Em um próximo livro, eu falarei sobre riqueza plena. Mas, por enquanto, vamos nos ater à importância de riqueza plena dentro dos ecossistemas.

O SEU ECOSSISTEMA

Imagine um empreendedor que tem um carrinho de pipocas. Todos os dias ele está na frente da mesma escola, vendendo as suas pipocas para aquelas crianças. Mas ele vende muito, até mais que outros pipoqueiros. Isso porque ele criou um método de fazer a pipoca que é diferente de tudo o que existe. Ciente disso, ele cria um curso para ensinar outras pessoas a fazerem essa mesma pipoca. Com esses novos pipoqueiros, ele se une e se tornam sócios de vários carrinhos espalhados pela cidade. Depois, a escola de pipoqueiros, com todos os carrinhos, se une a uma empresa que vende o milho, afinal, eles usam uma quantidade muito grande desse ingrediente todos os dias. Depois, se une a uma empresa que fabrica o carrinho. Como o negócio cresceu muito, eles criam um centro que faz a gestão de todos esses negócios. Pronto! Um ecossistema começou a ser estruturado. Esse pipoqueiro que vendia suas pipocas na porta de uma escola entendeu como a roda gira e se tornará milionário em breve.

Criei esse exemplo para mostrar que em qualquer segmento é possível criar um ecossistema. Por menor que seja o seu negócio, se tiver persistência, disposição para tomar riscos (olha o medo nos ajudando mais uma vez), conhecimento adequado e uma mentalidade de crescimento, poderá criar sua própria rede de empresas que trabalham em conjunto e se retroalimentam. Criar ecossistemas é para pequenos, quem é grande já tem um.

Com as minhas experiências, tanto negativas como positivas, eu criei o Stanley's Ecosystem, método que auxilia nesse percurso. Agora você já entende como funciona um ecossistema, o que precisa é colocar tudo isso para funcionar na realidade, testar na vida real. O caminho que vou apresentar nas próximas páginas é formado por uma escada que deve ser percorrida do começo ao fim, sem pular nenhum dos cinco degraus. Afinal, você já sabe que tentar passar por dois degraus da escada ao mesmo tempo aumenta o risco de queda. O mesmo acontece se você se apressar e tentar pular etapas.

Veja como funciona:

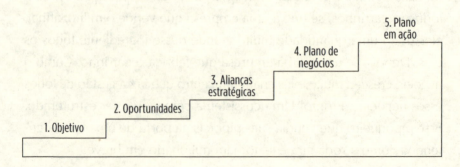

Ao passar por todas elas, você vai **aprender**, **construir** e **mensurar.** Lembre-se do que já falamos: o processo de empreender é uma construção e deve ser desfrutado etapa por etapa. Em negócios, falamos em estratégias de curto, médio e longo prazo. Saindo do zero e aplicando o método em dois anos (curto prazo), você consegue alcançar os primeiros resultados. Em cinco anos (médio prazo), alcança a estabilidade. E em dez anos (longo prazo), alcança o topo. Não existe passe de mágica, mas sim uma sequência lógica para criar algo sólido, forte e que não desmorone na primeira tempestade.

Vamos em frente porque nas próximas páginas você vai entender como subir cada um desses degraus e formar o seu primeiro ecossistema ou, se você já tem um, para melhorar a gestão. Siga comigo!

Defina seu objetivo

CAPÍTULO 4

1º DEGRAU

Antes de criar o seu ecossistema, você tem que pensar que, independentemente da quantidade de *fronts* que será formada, cada empresa precisa ser planejada de maneira única. Afinal, cada estrutura precisa de um olhar apurado para que se desenvolva dentro do seu ecossistema. Nenhum ecossistema já nasce com dez, vinte ou trinta empresas. Sempre é um embrião que já alcançou o *break even*[22] e depois o negócio vai se expandindo com empresas que se complementam, se ajudam e conversam entre si.

Se você é da área de saúde, por exemplo, as empresas do seu ecossistema devem ter alguma ligação com essa área ou alimentá-la de alguma maneira. Por exemplo, no meu ecossistema eu tenho um negócio de pagamentos e outro de tecnologia. Apesar de parecerem mundos distantes, essas empresas estão em sinergia com o *core business* do meu negócio, pois o alimentam com a prestação de serviços. Qual seria o sentido de investir em uma mineradora? No que ela agregaria ao meu sistema?

---

22. *Break even* significa o ponto de equilíbrio da empresa. É quando a receita de uma empresa paga completamente a sua operação. (N. E.)

Se o seu principal *front* é um pet shop, como aumentar o seu ecossistema? Pode ser com uma empresa de treinamento de profissionais para banho e tosa de animais de determinado porte; com uma empresa que fabrica shampoo e outros insumos exclusivos para o banho dos pets; outra de almofadas higiênicas; outra de acessórios para cães e gatos e assim por diante. Pode até mesmo fabricar em *white label*[23] para que outros pet shops vendam esses produtos. Se você agregar uma papelaria especializada em fornecer materiais escolares para escolas, será que faria sentido nesse ecossistema?

Assim, o primeiro passo do Stanley's Ecosystem é definir os objetivos do seu negócio. Esse degrau é fundamental para sustentar todo o restante da sua escada. Imagine-se construindo-a. Se o primeiro degrau não estiver bem firme, se não tiver uma sustentação sólida, a escada cai, não é?

Isso acontecerá também com a sua empresa se você não executar esse primeiro passo corretamente. Definir seus objetivos vai dar um caminho a seguir, vai mostrar o que deve ser feito, o que deve ser melhorado, por onde ir primeiro e assim por diante.

Desde muito jovem eu decidi ser médico. Isso foi direcionando a minha vida escolar até entrar na faculdade de Medicina e começar a clinicar. Mas desde cedo também sabia que não queria só ser um médico, eu queria mais que isso. Foi esse ímpeto de ir além que me deu o incentivo de que precisava para abrir a minha primeira clínica.

Repare que na minha cabeça eu tinha meus objetivos. Eu queria ser médico e queria empreender. Mas, assim como a maioria das pessoas, acreditava que apenas isso seria suficiente. Só que definir os objetivos é uma análise muito mais profunda e envolve uma metodologia.

---

23. *White label* é o tipo de negócio em que os produtos são fabricados por uma empresa e, posteriormente, vendidos por ela usando sua própria marca. (N. E.)

Esse meu erro fez com que durante muito tempo eu fosse um pato. Isso mesmo. Repare no pato. Ele nada mal, voa mal, anda mal e põe ovo como qualquer ave. Ele não tem diferencial, apesar de cumprir a sua função enquanto ser vivo no habitat ao qual pertence.

Eu era o pato do meu império. Eu fazia tudo mal, não tinha nada para me diferenciar da concorrência apesar de estar ali cumprindo o meu papel como médico e empresário. Esse não era o meu objetivo. Eu queria ter uma empresa grande, um capital bilionário e, do jeito que levava a gestão, não conseguia fazer nada. Eu não tinha estratégia, não tinha metas, só sabia aonde queria chegar.

Repare que meu objetivo pessoal já estava decidido. Foi então que parei tudo que estava fazendo. Vendi as empresas, paguei as dívidas que havia acumulado e recomecei do zero. Só aí eu percebi que apesar de saber o que queria, nunca parei para definir como alcançar essas metas. Esses, sim, são os meus verdadeiros objetivos.

A decisão de abrir uma empresa é uma decisão de mudar. Ninguém quer ser miserável para o resto da vida, ninguém quer ter uma empresa que só dê prejuízo, ninguém quer empreender para ser infeliz. Um problema que enxergo é que a velocidade com que vivemos atualmente está tirando do empreendedor esse tempo para cuidar do negócio antes mesmo de ele nascer. É a cultura do "apenas faça": vá lá, faça e depois veja o que vai dar. Veja bem, não estamos lidando com a escolha do que vai comer no almoço ou no jantar, nem da decisão se vai àquela festa do fim de semana com uma roupa mais formal ou informal. Estamos falando do seu futuro. A cultura do "vá lá e faça" pode ser bem encorajadora, mas ela não pode ser a baliza do seu futuro.

O sucesso não é um caminho solitário. Ele é formado 99% de gente, mas 1% é ação. Se você não se programa bem, é provável que bata cabeça por anos, como eu bati.

O primeiro passo do Stanley's Ecosystem é definir os objetivos do seu negócio. Esse degrau é fundamental para sustentar todo o restante da sua escada.

@stanleybittar

MATRIZ SWOT

Antes de definir seus objetivos, você precisa conhecer os pontos fortes e os pontos sensíveis do seu negócio. Para fazer isso, use a ferramenta SWOT. Trata-se de um conhecido método de planejamento estratégico de negócios ou projetos.

SWOT é o acrônimo para *strengths* (forças), *weaknesses* (fraquezas), *opportunities* (oportunidades) e *threats* (ameaças). Por isso, algumas pessoas chamam essa ferramenta também de FOFA (forças, oportunidades, fraquezas, ameaças).

Veja como ela funciona:

	Fatores positivos	Fatores negativos
Fatores internos	**S** Forças (*strengths*)	**W** Fraquezas (*weaknesses*)
Fatores externos	**O** Oportunidades (*opportunities*)	**T** Ameaças (*threats*)

A primeira linha refere-se aos fatores internos da empresa, que é tudo aquilo que influencia internamente o dia a dia do trabalho. São fatores que estão sob o controle da empresa e podem ser modificados por ela. Na letra S (*strengths* ou forças), indique os pontos positivos e na letra W (*weaknesses* ou fraquezas), aquilo em que vocês ainda precisam melhorar, ou seja, os pontos fracos.

Já a linha de baixo é voltada aos fatores externos, ou seja, para o mercado em que se atua ou se pretende atuar. Envolve análise de mercado, concorrentes, fornecedores e até fatores políticos, econômicos, sociais e culturais. Na letra O (*opportunities* ou oportunidades), coloque as possibilidades que enxerga e na letra T (*threats* ou ameaças), indique possíveis dificuldades que podem acontecer.

Um exemplo de análise SWOT preenchida, com outro layout:

Com essa análise, você vai conseguir olhar para dentro e fora da empresa, sob os aspectos positivos e negativos, e traçar um panorama dos fatores que podem determinar o sucesso do seu projeto.[24] Essa análise deve ser feita com muita atenção, a fim de definir seus objetivos.

METODOLOGIA SMART

Com os pontos positivos e negativos bem definidos, agora é a vez de traçar os seus objetivos. Para isso, indico a metodologia SMART, que além de ajudar a traçar o futuro, também determina um prazo a ser cumprido.

---

24. CASAROTTO, C. Aprenda o que é análise SWOT, ou análise FOFA, e saiba como fazer uma análise estratégica do seu negócio. **Rock Content**, 20 dez. 2019. Disponível em: https://rockcontent.com/br/blog/como-fazer-uma-analise-swot/. Acesso em: 5 jun. 2023.

SMART é baseado em cinco fatores. São eles:

S   (*specific*/específico)

M   (*measurable*/mensurável)

A   (*achievable*/alcançável)

R   (*relevant*/relevante)

T   (*time-based*/temporal)

A seguir, vou explicar cada um deles:

S – *Específico (specific)*

É a definição específica do seu objetivo. "Ganhar dinheiro", "ser rico", "ter um ecossistema" é um desejo. Um objetivo precisa ser mais específico. Neste fator, responda às seguintes perguntas:

- O que eu quero alcançar?
- Por que eu quero alcançar essa meta?
- Quem será ou quem serão os responsáveis por ela?
- Onde ela será realizada?
- Como ela será realizada?
- Quais são os recursos necessários?
- Qual é o prazo de conclusão?

M – Mensurável (*measurable*)

Esse segundo fator monitora, por meio de números, o progresso em direção aos objetivos. Algumas perguntas para ajudar:

- Qual é o resultado esperado?
- Quando tempo será necessário para alcançar o objetivo?

A – Alcançável (*achievable*)

Objetivos precisam ser reais. É muito comum vermos empresas com metas totalmente fora da realidade. Metas muito fáceis desanimam,

O sucesso não é um caminho solitário. Ele é formado 99% de gente, mas 1% é ação.

⊙ @stanleybittar

pois não é preciso muito esforço para atingi-las. Já as impossíveis partem da crença do administrador de que, dessa forma, os colaboradores se esforçarão mais. Para criarmos metas mais eficientes, elas precisam ser desafiadoras, sim, mas sempre atingíveis.[25]

Algumas perguntas para serem respondidas:
- É possível atingir o objetivo traçado levando em consideração históricos anteriores?
- Outras pessoas (colaboradores, sócios, parceiros comerciais) acreditam no seu objetivo?

R – Relevante (*relevant*)

Quanto mais relevante for o objetivo, maior será o engajamento de todas as pessoas envolvidas para que ele seja atingido. Um objetivo que não gera efeito sobre o negócio não será tratado com prioridade.[26] Para tornar seu objetivo relevante, ele deve responder às seguintes perguntas:
- Parece valer a pena?
- Essa meta é importante neste momento?
- Está de acordo com outros esforços que estamos fazendo agora?
- Esse é o time certo para este objetivo?

T – Temporal (*time-based*)

Esse fator determina o prazo-limite para atingir seus objetivos. Ele ajuda a definir, por exemplo, um cronograma que seja real às

---

25. COLOMBO, Felipe. **Gestão profissional na prática**: eleve o nível de excelência do seu negócio, acompanhe as métricas que fazem a diferença para o crescimento e fortaleça a cultura da empresa. São Paulo: Gente, 2021.
26. ANDRADE, O. Metas SMART: o que são e como usá-las? **Rock Content**, 29 maio 2017. Disponível em: https://rockcontent.com/br/blog/metas-smart/. Acesso em: 6 jun. 2023.

necessidades da empresa, sem deixar de ser desafiador. Para saber se está definindo o período certo para seus objetivos, responda:

- Quando devo atingir essa meta?
- Conseguirei atingi-la daqui a seis meses ou um ano?
- O que eu posso fazer hoje para atingi-la no prazo estipulado? E daqui a oito semanas?

Depois de responder às perguntas dos cinco fatores, seu objetivo, que antes era geral e até inespecífico, vai se tornar real, mensurável, desafiador e com prazo para acontecer.

Se antes seu objetivo era apenas ficar rico, agora ele será: "construir um patrimônio de um milhão de reais em um ano com a aquisição de cinco empresas para compor o meu ecossistema" ou "construir um ecossistema de beleza com nove empresas e triplicar o faturamento do ano anterior em seis meses".

Fazer essa análise profunda me fez enxergar que, como médico – apesar de ser muito bom e ter criado uma técnica de transplante capilar de sucesso – eu não alcançaria o meu sonho. Eu teria que parar de ser médico para me dedicar à gestão do negócio. Eu mudei a minha cabeça ao fazer a análise SWOT e aplicar o SMART, já que consegui ter outra visão da empresa.

Você só vai conseguir fazer seu negócio crescer exponencialmente se mudar seu pensamento para entender onde pode errar ou onde já errou e qual será o melhor caminho a seguir para consertar. Seus desejos só se tornam objetivos quando são reais. Ao deixar esses objetivos transparentes, você estará pronto para subir mais um pouco nessa escada. No segundo degrau, você será capaz de identificar as oportunidades de negócio. Mas antes de virar a página rumo ao próximo capítulo, eu o convido a testar o que aprendeu até agora.

AGORA É A SUA VEZ

Está na hora de começar a estruturar a sua empresa e definir seus objetivos.

Preencha o quadro abaixo, levando em consideração o que aprendeu sobre a análise SWOT e as especificidades do seu negócio. Seja sincero. Isso é fundamental para o sucesso do exercício.

Levando em consideração a sua análise SWOT, defina os seus objetivos reais. Use o que aprendeu sobre a metodologia SMART.

Seus objetivos: _____

Agora responda:

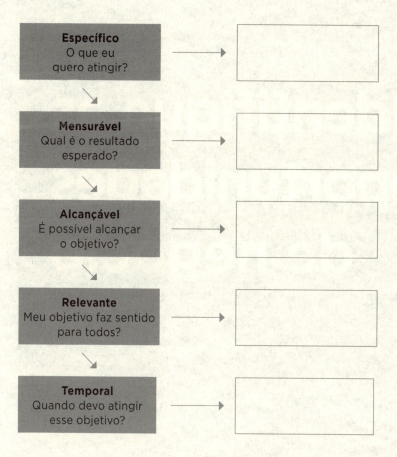

COM AS RESPOSTAS, REESCREVA SEUS OBJETIVOS:

Identifique as oportunidades de negócio

CAPÍTULO 5

2º DEGRAU

Todo novo negócio nasce de uma necessidade. Uma dor que precisa ser resolvida e a solução para isso. Quem vai abrir uma empresa precisa ter a certeza de que conhece desejos e necessidades do seu público-alvo e que a sua solução é a melhor para saná-los. Porém, não existe dor sem problema e é nisso que você tem que focar para oferecer a solução.

O que está causando essa dor? A resposta será o primeiro caminho para oferecer a solução. Não existe abrir um negócio só por abrir ou para satisfazer o ego. Sabe aquela coisa de "eu quero ser empresário e pronto" e, sem planejamento nenhum, a pessoa abre uma empresa? É complicado. Eu não posso criar um negócio que não tenha benefícios para alguém, que não transforme a vida das pessoas.

Para que serviria abrir uma fábrica de gelo no Alasca ou uma loja de aquecedores no Nordeste brasileiro? Você já pensou qual parcela do público local consumiria o seu produto? Qual é a dor de uma pessoa que mora no Alasca? Falta de gelo não é. Assim como a pessoa que mora no Nordeste do Brasil, onde a temperatura é alta o tempo todo, certamente não precisa de um aquecedor.

Agora pense o contrário. A pessoa que mora no Alasca, com temperaturas negativas o ano todo, tem uma dor que é se manter no frio. Nesse caso, a solução do problema é a venda dos aquecedores. Já no Nordeste, uma fábrica de gelo poderia resolver o problema de bares e restaurantes que não conseguem manter as bebidas geladas o suficiente para serem vendidas ao cliente.

Claro que são situações hipotéticas, mas o que eu quero evidenciar é que a dor do cliente tem que ser um dos maiores norteadores do seu negócio. Afinal, como diz o grande Nizan Guanaes, enquanto alguns choram, outros vendem lenços.[27] Ou seja, se há uma dor, existe uma grande oportunidade de negócio.

TALENTO, DOR E SOLUÇÃO

De maneira geral, detectar essa oportunidade de negócio passa pela seguinte jornada:

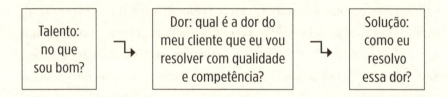

Quando você começa um novo negócio, ele precisa estar alinhado com algo que você domina. Todos somos gênios em algo. Há pessoas que cozinham brilhantemente, há quem conserte carros brilhantemente, há pessoas que costuram brilhantemente e assim por diante. Cada um precisa respeitar o seu talento e a sua experiência na hora de empreender, principalmente se for o negócio embrião, o

---

27. GUANAES, N. Eu quero mais é vender lenços. **Folha de S. Paulo**. Disponível em: https://www1.folha.uol.com.br/fsp/dinheiro/fi050108.htm. Acesso em: 5 set. 2023.

pontapé no mundo empresarial. Não adianta criar um negócio porque o vizinho está fazendo isso e lucrando absurdamente. O invejoso não sabe nem o que está invejando. Ele não tem ideia da dificuldade que é fazer o básico para começar um negócio.

"Mas, Stanley, você já falou aqui que ter talento não é o suficiente para empreender." Sim, eu falei e continuo afirmando. Porém, é o talento que faz com que você encontre os seus objetivos e entenda onde pode atuar. Depois você vai aprimorar esse conhecimento. As pessoas de sucesso nunca seguem um caminho que não conhecem. Elas começam na sua área de domínio e depois expandem o negócio. Portanto, identifique no que você é bom, o que o incentivaria a levantar todos os dias da cama feliz e se entregar ao seu negócio.

Sanada essa dúvida, o próximo passo é identificar o que as pessoas estão precisando, qual é a dor do público que pode ser atendido nesse universo de coisas em que você é bom. Pergunte-se *onde eu posso ajudar a sociedade usando esse meu talento?*; *quais são os problemas que as pessoas enfrentam?* Para encontrar essas respostas, você vai precisar escutar seu público-alvo. Pode ser uma conversa pessoalmente ou on-line. Se você já tiver uma base de clientes, mande um formulário com perguntas curtas e objetivas para identificar as dores. Se ainda não tem essa base, comece conversando com as pessoas que estão perto de você, peça para amigos indicarem outras que tenham o perfil do seu público-alvo. Nessa fase você pode meter as caras e conversar com o povo. Não dá para pular essa etapa simplesmente porque ainda não tem clientes. Agora me responda: quando tiver sua empresa, vai querer ajudar dez pessoas ou mil? Aposte em milhares, porque é assim que você vai ficar milionário. Por isso é tão importante identificar o problema que afeta o maior número possível de pessoas.

Encontrados os problemas e as causas, está na hora de pensar na solução. O processo é: "Eu já sei no que sou bom, já tenho uma mentalidade de crescimento, já identifiquei as dores e problemas do meu público e agora vou estruturar o negócio para oferecer a solução adequada". A solução deve sempre vir do problema, e não o contrário. Não crie um produto para depois pensar no problema que ele pode resolver. *Mas como resolver essa dor?* Essa é a parte prática do negócio. E vou ser bem sincero com você: esse "como" está em falta no mercado. As pessoas estudam, estudam, sabem toda a teoria, focam no "que" e esquecem que existe uma parte prática, justamente o "como".

Se eu cozinho bem e identifiquei que as pessoas querem se alimentar de maneira mais saudável, a solução é oferecer uma comida de qualidade para elas. Até aí, ok. Mas como você vai oferecer essa refeição? Em forma de marmitas? Vai abrir um restaurante? Vai montar um restaurante dentro de uma empresa? Vai abrir um serviço de buffet em domicílio só com cardápio saudável? Vai cozinhar uma vez por semana na casa do cliente e deixar um menu pronto para os sete dias? Vai congelar kits e distribuir em lojas especializadas? Entende como tudo precisa ser bem planejado?

Eu tenho uma papelaria e detectei que as famílias têm dificuldade para comprar material escolar no início do ano porque estão com a agenda lotada de outros compromissos. A solução é oferecer esse material de modo que o cliente não precise sair de casa ou se deslocar até uma loja e enfrentar filas e falta de produtos no estoque. Como fazer isso? Oferecendo kits prontos que são entregues em casa a partir da lista enviada pelo cliente, criando parcerias com escolas para fornecer esses materiais, montando uma papelaria temporária dentro de condomínios para atender com agilidade os clientes. São inúmeras as possibilidades.

A solução nem sempre tem que ser totalmente disruptiva. O que ela precisa é resolver a dor daquela pessoa ou de um determinado grupo da maneira mais simples possível. Quanto mais pessoas forem atendidas, mais chance de negócios você trará para a sua empresa.

Para encontrar a solução, não dá para usar o achômetro. Além de conversar com o seu cliente, sugiro que você analise com profundidade também a sua concorrência. O que está funcionando no mercado pode dar indícios de como começar a planejar a solução. Mas não faça igual a ele. O que você precisa é observar o que está dando certo e depois aprimorar para criar um diferencial.

Pense no que o seu produto vai oferecer ao seu cliente. Porque, no fundo, todo produto é um serviço. Você não está vendendo materiais escolares, mas sim o conforto e a praticidade de ter materiais de qualidade, com preços competitivos; e se o cliente não precisar sair de casa, é uma grande vantagem. O valor que você agrega ao produto faz parte da solução também.

Não se esqueça de um fator fundamental: coloque-se no lugar do cliente. Procure pensar com a cabeça de quem vai consumir o seu produto. Deixe a paixão de lado e encare-o com uma visão crítica. Um negócio não pode ser visto como você olha para um filho. Seu filho sempre vai ser o mais bonito, o mais inteligente, a melhor criança do mundo para você. Mas isso é para você. Quando você está falando de um negócio, essa visão passional tem que ser deixada de lado em prol de um olhar analítico. O seu produto é bom, mas é bom o suficiente para atender o seu cliente? O que o público sente ao usar o seu produto? No que ele pode melhorar?

Uma pesquisa realizada pela plataforma de inteligência artificial CB Insights,[28] por meio da análise de 101 casos de falências de pequenas empresas, constatou que 42% dos negócios fecham porque não satisfazem as necessidades do mercado, são apenas uma paixão do empreendedor, que abriu um negócio sem pensar profundamente nas demandas do próprio público. Ter um produto confuso ou inútil é responsável por 13% dos fechamentos de empresa. Isso pode nem estar ligado à qualidade do produto ou à solução apresentada, mas à maturidade do cliente. Às vezes, um produto chega cedo demais ao mercado.

---

28. BURNS, S. 10 principais causas de fracasso de pequenas empresas. **Forbes**, 8 maio 2019. Disponível em: https://forbes.com.br/principal/ 2019/05/10-principais-causas-de-fracasso-de-pequenas-empresas/. Acesso em: 10 jun. 2023.

Não se esqueça de um fator fundamental: coloque-se no lugar do cliente.

@stanleybittar

"Não adianta ter uma boa ideia no momento errado".[29] O autor dessa frase é o empresário brasileiro João Appolinário, dono da Polishop. Hoje ele tem um ecossistema gigante, mas um dos seus primeiros empreendimentos foi uma empresa de blindagem de veículos. Na época, era um serviço muito caro e acessível a uma camada muito pequena da população, então ele criou um serviço com um preço mais atrativo para atingir mais pessoas. A solução parecia perfeita, mas apesar da criminalidade assustar a população, ter um carro blindado ainda não era a prioridade para a maioria das pessoas. E o negócio foi fechado pouco tempo depois. Atualmente, a blindagem de veículos é um negócio bastante difundido e a procura só aumenta. Mas ele deveria ter insistido até virar um desejo do consumidor? Não.

A visão real, ainda que seja dura, vai evitar inúmeros problemas mais tarde.

TESTE O NEGÓCIO

Apesar de respeitar a jornada, nem sempre o caminho é retilíneo. Aliás, quase nunca. Uma infinidade de ajustes terá que ser feita ao longo do caminho. Negócio perfeito não existe. Eu tenho reuniões diárias com meus sócios para alinhar processos e oportunidades; mesmo negócios redondos precisam de ajustes. Isso significa que até aqueles negócios lucrativos e que estão dando certo precisam sempre se aprimorar para continuar essa ascendente de crescimento.

Ninguém casa com uma pessoa no mesmo dia que a conhece, não é? Tudo é um processo. Vocês se conhecem, depois namoram, noivam e, por fim, se casam. Esse processo é feito para aumentar as chances de sucesso dessa parceria para a vida. O mesmo acontece

---

29. JOÃO Appolinário, fundador da Polishop. 2019. Vídeo (2min). Publicado pelo canal meuSucesso.com. Disponível em: https://www.youtube.com/watch?v=f_QnUSyugHM. Acesso em: 10 jun. 2023.

com os negócios. A pressa não leva a nada. Certa vez, um médico me chamou para um negócio em que eu teria que desembolsar R$ 42 milhões de investimento de cara. Minha resposta foi não. Não tem como partir de um nível tão alto. Comece pequeno, veja se é isso mesmo que funciona antes de querer ganhar o mundo. Não existe fermento para os negócios.

Eu sugiro que você, antes de começar, faça um MVP. A sigla significa *Minimum Viable Product* [produto minimamente viável, em tradução livre]. É quando você testa o seu negócio antes de colocá-lo definitivamente no mercado. Uma das principais características de um MVP é que ele não precisa ser o produto final, vale uma versão mais simples, sem custos elevados, para testar sua aceitação no mercado e a necessidade de possíveis ajustes antes do lançamento oficial.

Praticamente todas as grandes empresas fazem esse tipo de teste. O Facebook, por exemplo, antes de ser lançado foi testado dentro da Universidade Harvard. O período em que a rede atingia apenas os alunos da comunidade universitária foi importante para que os criadores promovessem alterações fundamentais, em linha com o que foi se revelando necessário ao longo do processo de validação. Já a Apple fez o seu MVP com o iPhone 1. O aparelho não possuía algumas funções básicas, como copiar e colar, além de exigir download obrigatório do iTunes para ativação. O objetivo era segurar algumas funcionalidades para que fossem lançadas nas versões seguintes do equipamento, gerando ansiedade e euforia entre os clientes.[30]

Como você percebeu, o MVP não deve ser nada muito elaborado. Continuando no exemplo dos materiais escolares, você poderia criar uma *landing page* explicando o serviço e convidando os interessados a se cadastrarem para receber as informações em primeira mão.

---

30. O GUIA prático para o seu MVP – Minimum Viable Product. **Endeavor Brasil**, 3 maio 2023. Disponível em: https://endeavor.org.br/estrategia-e- gestao/mvp/. Acesso em: 10 jun. 2023.

Ou você pode mandar mensagens de WhatsApp com uma mensagem levantando o problema – algo como "você enfrenta filas e perde horas comprando o material escolar do seu filho?" – e mostrando que seu produto pode ser a solução – "em breve vai descobrir uma forma de resolver essa questão de maneira prática e rápida. Responda essa mensagem para receber a solução em primeira mão". O número de cadastros é um dos primeiros sinais da aceitação ou não por parte daquele público.

Outra possibilidade é criar um serviço que atenda a lista escolar de uma ou duas escolas apenas. É um limite seguro para você trabalhar no início. O número de vendas e o feedback desses primeiros clientes será o seu teste de viabilidade do serviço.

Esse teste também o ajudará a entender se o preço cobrado é compatível com o seu público-alvo e ainda ajuda a fazer a projeção de crescimento. Isso sem perder muito tempo e gastando o mínimo possível no processo.

ENXERGUE AS OPORTUNIDADES NO SEU ECOSSISTEMA

Um ecossistema, como você já sabe, é formado por várias empresas que oferecem produtos e/ou serviços que se complementam, que conversam entre si de alguma maneira. Mas você não precisa ser especialista em todos eles. Aliás, isso seria impossível. Como já comentei, trabalho em sessenta *fronts*, como ser talentoso em todos eles?

Quando pensamos em oportunidades dentro de um ecossistema, precisamos identificar se o negócio tem sinergia com o seu core business, ou seja, com o restante do seu negócio. Por exemplo, no meu ecossistema faz sentido oferecer o serviço de lentes de contato para os dentes. A dor existe e a solução também. Isso é identificar uma oportunidade de negócio específico. Como não sou dentista, me protejo tendo ao meu lado um sócio que é o melhor especialista no assunto. Diferente do negócio embrião, que precisa estar ligado ao seu conhecimento nato, partir para o mundo exige um conhecimento de mercado para saber se aquele negócio é bom e faz sentido dentro do seu ecossistema. Eu aprendi que você aumenta as oportunidades de crescer ao nichar seus negócios, porque aumenta a possibilidade de êxito.

No ambiente empresarial existe uma expressão que é empresário serial ou empreendedor serial. É a pessoa que tem uma visão de negócios e adquire empresas em série. Quem faz o caminho correto para identificar um negócio, levando em consideração talento, dor e solução, fica com um faro tão aguçado que depois da segunda empresa, se sente seguro para adquirir outras. Aí vem a terceira, a quarta, a quinta... Me tornei um empresário serial porque tinha uma aptidão, mas também porque dediquei tempo para isso. Foram muitos anos abrindo e fechando empresas, não foi um período que eu possa considerar como próspero, mas com os tropeços eu fui me aperfeiçoando, fui lapidando meus conhecimentos.

Mesmo assim, meu ecossistema não nasceu da noite para o dia. Tenha cuidado, vá com calma. Nesse início, você ainda está aprendendo como identificar oportunidades de negócio. Não tenha pressa, seu ecossistema será uma consequência do seu trabalho. Uma coisa é pensar grande, ter ambição, a outra é ser megalomaníaco. Entenda que primeiro você precisa fazer um negócio, depois outro e eles nunca podem se atropelar. Quando tudo estiver certo, você pluga o terceiro. Se pensar em já criar seu ecossistema sem essa estrutura passo a passo, vai quebrar.

Anote esta dica de ouro: se está começando o seu ecossistema, prefira empresas que estejam começando. Quando você agrega uma empresa já em funcionamento, traz também uma cultura diferente já estabelecida, um estilo de gestão e problemas que precisam ser sanados. E isso requer uma análise de risco aprofundada. E, no começo, prefira começar empresas em vez de adquiri-las.

TREINE SEU FARO PARA OS NEGÓCIOS

Tomar uma decisão de negócios já não é mais como antigamente. Existem indicadores dos mais variados – e nós usaremos alguns deles mais adiante – para saber se um negócio vale a pena ou não. Porém, o que eu ainda defendo é o faro apurado do empreendedor. Depois de tantos anos, eu consigo saber em quatro ou cinco perguntas se um negócio faz sentido para o meu ecossistema ou não.

Oportunidades de negócios vão surgir todos os dias. A todo momento vai surgir uma pessoa querendo ser seu sócio, mas como saber avaliar se a oportunidade é boa ou não?

Apurar o faro requer abrir seus canais de atenção vinte e quatro horas por dia. Olhar atento, cálculos mentais rápidos, saber ouvir o outro com atenção são alguns desses elementos. Estar em lugares que sejam frequentados por pessoas com o mesmo pensamento que você também ajuda. Além disso, se deseja investir em determinada área, precisa estar onde os movimentos acontecem. Pense: na cidade de São Paulo, onde estão as pessoas que podem trazer as melhores oportunidades de negócio? Na região da avenida Brigadeiro Faria Lima, no bairro do Itaim Bibi. Seu negócio é marketing digital? Os maiores players estão em Alphaville, bairro de Barueri, localizado na Grande São Paulo. Se o seu negócio é o trabalho em portos, então você precisa estar em Santos. Quando você está aberto a oportunidades, abre-se uma janela para o mundo.

Aliado a isso tem a sua preparação. Sei que estou sendo repetitivo, mas sem conhecimento ninguém procura a gente. Se você quer ser médico, então faça Medicina. Quer ser um advogado brilhante? Faça um curso de Direito. Quer construir casas? Faça uma faculdade de Engenharia ou Arquitetura. Depois disso, prepare-se como empreendedor. Busque uma mentoria, consultoria e imersões que possam desenvolver as suas habilidades. Atualmente, existem professores brilhantes no Brasil fazendo isso, nomes como Janguiê Diniz, João Kepler e Marcus Marques são alguns dos melhores exemplos.

Dentro do meu ecossistema, inclusive, tem a Stanley's Business, que é uma imersão sobre negócios, redes próprias, franquias, modelos de negócios e marketing, enfim, tudo o que envolve a gestão de uma empresa. Eu nunca fugi desse aprendizado, eles foram fundamentais para me tornar o empresário que sou hoje.

Aproveitar as oportunidades de negócios é mais do que simplesmente comprar uma empresa ou ter mais um sócio. São essas oportunidades que constroem o seu ecossistema, e ninguém consegue ter esse sucesso sozinho. Assim como na natureza, um ecossistema só vai adiante se um indivíduo estiver disposto a ajudar o outro, a compartilhar.

No próximo capítulo, vamos continuar falando sobre essa retroalimentação e outra maneira de estimulá-la, que são as parcerias estratégicas. Mas, antes disso, vamos colocar em prática o que conversamos até aqui.

AGORA É A SUA VEZ

Como você viu neste capítulo, detectar uma oportunidade de negócios passa pela trilha talento → dor do cliente → solução. Agora é a sua vez de compor essa trilha para detectar o que pode ser interessante para o seu ecossistema. Responda às perguntas abaixo. Ao final, você verá quantas oportunidades de negócios podem ser geradas a partir da sua área de atuação:

	EXEMPLO	SUAS RESPOSTAS
1. Defina a sua área de atuação	Saúde e beleza	
2. Defina o negócio específico	Transplante capilar	
3. Inovação ou disrupção proposta	IFUE Max	
4. Outras propostas de inovação	IFUE Max Fitness, IFUE Max Nutri, IFUE Ultra	
5. Produtos/serviços que podem ser adicionados	Dermocosméticos, acessórios, dispositivos laser, suplementação	

Crie alianças estratégicas

CAPÍTULO 6

3º DEGRAU

No capítulo anterior você achou as inúmeras oportunidades de negócios que o seu ecossistema pode ter. Mas fazer esse sistema todo funcionar não é uma tarefa de uma mão só. Solitário você não vai a lugar nenhum. Empresas isoladas tendem a enfrentar mais barreiras para penetrar no mercado, pois acabam, de alguma maneira, limitando a sua operação. Qualquer empresa tem um gargalo, ou seja, uma operação que não pode ser feita por não ter capacidade. Pode ser capacidade de produção, de entrega, de tecnologia ou qualquer outra coisa que interfira no seu processo.

Perder essa oportunidade não é só impedir que a sua empresa cresça, mas também abrir espaço para a concorrência se aperfeiçoar e apresentar um produto ou serviço melhor e mais completo do que o seu. Imagina se eu continuasse a fazer um a um os transplantes capilares? Faria duas ou três cirurgias por dia, no máximo. Eu não teria braço para alcançar meus objetivos. O que eu fiz? Me cerquei das pessoas certas e multipliquei a equipe fazendo parceria com uma escola que treinava esses profissionais para aplicar a mesma técnica em clínicas Stanley's Hair em todo o Brasil. Até o momento em que escrevo este livro, somamos 72 clínicas espalhadas pelo país e mais seis no exterior, faturando mais de R$ 200 milhões ao ano. Imagine quantos transplantes são realizados diariamente? Em um ano, a expectativa é chegar a 120 clínicas no Brasil e doze no exterior.

Mas claro que eu não comecei assim. Comecei faturando R$ 10 mil, depois R$ 100 mil, R$ 500 mil e fui crescendo. Comecei pequeno, mas a minha mentalidade de crescimento permitiu galgar passo a passo até eu conquistar o meu mundo.

Quando falo em "me cercar das pessoas certas" refiro-me aos sócios que fui conquistando e às alianças estratégicas que fiz – e ainda faço – no meu ecossistema.

Ter uma aiiança estratégica significa se unir a outra empresa para trabalharem juntas em direção a um objetivo comum. Algumas características marcam essas parcerias, uma delas é a independência, ou seja, as empresas continuam com suas operações separadamente. A outra característica é a troca, ou seja, obrigatoriamente ambas as partes devem ser beneficiadas de alguma maneira. No caso do meu gargalo dos profissionais especializados em transplante, a escola treinava esse pessoal, e eu os absorvia nas minhas clínicas. Veja que as duas empresas saíam ganhando. A escola, que por meio da parceria com as minhas clínicas conseguia mais alunos, e a clínica, que contratava profissionais altamente especializados e treinados na técnica usada nos transplantes.

* LOPEZ, I. Strategic Alliances: Building Partnerships That Get Real Results. **Referral Rock**, 10 jul. 2023. Disponível em: https://referralrock.com/blog/strategic-alliances/. Acesso em: 5 set. 2023.

Um bom exemplo de aliança estratégica é a da fabricante de veículos Chevrolet com o brinquedo Test Track, do Epcot, um dos parques do Complexo Disney, em Orlando, nos Estados Unidos. A parceria transformou a ida ao brinquedo em uma experiência ao cliente de ambas as marcas. Enquanto esperam na fila, as pessoas assistem a vídeos sobre o processo de design dos produtos Chevrolet e podem conhecer os modelos futuros da montadora e projetar um veículo personalizado em um jogo interativo. Claro que tudo muito bem ambientado, em um cenário que coloca o cliente dentro de uma pista de corrida, tudo com o padrão Disney de excelência. Depois que saem do brinquedo, as pessoas passam por um salão com vários carros expostos. Perceba que nessa parceria tanto a Chevrolet como a Disney se beneficiam: a montadora ganha uma exposição de marca gigantesca, e o parque se beneficia da expertise da Chevrolet em veículos, motores, design e até mesmo competição para criar um passeio envolvente.[31]

Elon Musk, ao se associar ao Twitter, não estava pensando só em ter uma rede social em seu portfólio, mas, sim, em transformá-lo no superaplicativo X, comparado ao WeChat, plataforma da China.[32] Serão várias alianças funcionando dentro do ecossistema de Musk. Quando os estúdios de cinema se unem a plataformas de streaming para promover seus filmes, também estão formando alianças estratégicas.

De maneira geral, as empresas buscam essas alianças para obter recursos que não possuem por conta própria, com o objetivo de amplificar o seu negócio e diversificar seu público. Sendo assim,

---

31. HUHN, J. 10 Strategic Alliance Examples [+ Benefits and Types of Strategic Alliances]. **Referral Rock**, 15 dez. 2022. Disponível em: https://referralrock. com/blog/strategic-alliance-examples/. Acesso em: 15 jun. 2023.
32. KHARPAL, A. Elon Musk's X Rebranded Reignites His Goal to Turn Twitter into an App Like China's WeChat. **CNBC**, 25 jul. 2023. Disponível em: https://www.cnbc.com/2023/07/26/elon-musks-x-rebrand-reignites-goal-to-turn-twitter-into-chinas-wechat.html. Acesso em: 30 jul. 2023.

as alianças podem ser de tipos variados. Vou citar algumas para você ter uma ideia, mas lembre-se de que empresas são organismos vivos e, portanto, você pode criar uma aliança complemente diferente de tudo que existe, basta apenas que ela seja interessante para os envolvidos. Vamos lá:

- **Alianças de distribuição**: Quando duas empresas se unem para expandir a presença geográfica ou alcançar novos segmentos de mercado. Por exemplo, uma empresa de cosméticos faz parceria com uma distribuidora para alcançar os clientes de uma região que ela ainda não conseguiu conquistar.
- **Alianças de produção**: Quando empresas compartilham recursos de produção, tecnologia ou conhecimentos, reduzindo custos para ambas.
- **Alianças de pesquisa e desenvolvimento**: Empresas que se unem para conduzir pesquisas juntas, e compartilham recursos e custos.
- **Desenvolvimento de produtos**: Quando duas empresas ou mais se unem para desenvolver um novo produto ou até mesmo um serviço. Cada parceiro colabora com suas habilidades e conhecimentos.
- **Acordos de licenciamento**: Uma empresa cede a licença de uso de uma patente, marca, tecnologia ou até know-how para outra companhia em troca de royalties ou o pagamento de uma taxa acordada. Quem recebe a patente, por exemplo, se beneficia com o produto da outra empresa por não precisar desenvolver tudo internamente desde o início. A que cede se beneficia porque está ampliando o mercado do seu produto.
- **Aliança de marketing**: Empresas fazem juntas campanhas de marketing, aproveitando a base de clientes de cada uma, aumentando o alcance e visibilidade de ambas as marcas.

- **Aliança de tecnologia**: Quando empresas desenvolvem ou compartilham tecnologias específicas, acelerando a inovação em seus mercados.

Robert L. Wallace, palestrante estadunidense e autor do livro *Strategic Partnerships*,[33] diz que muitos obstáculos presentes nos negócios podem ser superados com as parcerias estratégicas. Nesse caso, 1+1 não é igual a 2, mas 10,[34] pensando no crescimento que essa movimentação estratégica pode trazer para a sua empresa.

De acordo com uma análise feita pela Fundação Getulio Vargas a partir dos dados financeiros de 509 empresas estadunidenses entre 1992 e 2002, ao se unir a outras empresas ou parceiros estratégicos, elas criam condições para manter por mais tempo vantagens competitivas, conseguem também diminuir a persistência de desempenhos inferiores e ainda reverter as desvantagens competitivas. Embora essa prática seja comum entre as grandes empresas, o levantamento mostrou que as menores ou as que não possuem tanta vantagem competitiva no setor em que atuam podem ser as mais beneficiadas com alianças estratégicas, isso porque essas parcerias contribuem para o melhor acesso aos recursos externos que são usufruídos pelas empresas. Seria, portanto, uma importante ferramenta para aumentar a performance empresarial.[35]

---

33. WALLACE, R. L. **Strategic Partnerships**: An Entrepeneur's Guide to Joint Ventures and Alliances. Workingham: Kaplan, 2004.

34. 5 CRITICAL Lessons in Building Effective and Sustainable Business Alliances & Strategic Partnerships. **Robert L. Wallace**, 20 ago. 2019. Disponível em: https://robertwallace.com/2019/08/20/5-critical-lessons-in-building-effective-and-sustainable-business-alliances-strategic-partnerships/. Acesso em: 16 jun. 2023.

35. BRITO, L. A. L.; CHADDAD, F. R.; LAZZARINI, S. G. Alianças estratégicas: fontes de vantagem competitiva e de lucros. **FGV EAESP**, 2013. Disponível em: https://pesquisa-eaesp.fgv.br/publicacoes/gvp/aliancas-estrategicas-fontes-de-vantagem-competitiva-e-de-lucros. Acesso em: 15 jun. 2023.

O MELHOR PARA AMBOS OS NEGÓCIOS

Se a ideia é aumentar a performance, a análise inicial quando falamos de alianças estratégicas é justamente avaliar as vantagens. Eu preciso analisar quais são as alianças que posso fazer para que tudo o que estou criando, do ponto de vista empresarial, prospere, fature mais, aumente a margem e assim por diante. Então eu posso fazer uma aliança com uma indústria fornecedora de matéria-prima, por exemplo, a fim de conseguir preços melhores e aumentar a minha margem de lucro, ou ser mais competitivo no mercado ao ter a possibilidade de oferecer um produto com um preço mais enxuto ao cliente final. Eu ganho, pois tenho esse valor mais atrativo, e a indústria ganha, já que venderá uma quantidade maior de insumos.

O pensamento, portanto, é: com quem eu posso me juntar, pessoa física ou jurídica, para ter mais capacidades? E me atrevo a colocar capacidades, no plural mesmo, pois não me limito a ganhar capacidade somente em uma área, como por exemplo só capacidade logística. O que eu quero são parcerias para aumentar capacidade financeira, capacidade humana, capacidade técnica, capacidade de distribuição e assim por diante. É como se fosse um monte de blocos de montar e você fosse colocando as peças – nesse caso, os parceiros – para se encaixarem nos melhores lugares para a sua empresa. Assim como acontece no jogo, apenas peças com encaixe perfeito ficam juntas. Você já tentou encaixar uma peça à força? Se não tentou, vou contar o que acontece, ela quebra, racha e, muitas vezes, fica inutilizável. Isso serve para o seu negócio e parcerias também.

As boas alianças são baseadas em três regras de ouro:

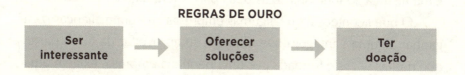

Ser interessante significa despertar o interesse da pessoa ou das pessoas com as quais você se relaciona. Se você quer fazer parceria com aquela empresa de insumos, por exemplo, tem que mostrar que existe algo seu que a atraia. A partir do momento que conseguir chamar a atenção desse parceiro, é hora de **oferecer soluções** que podem beneficiar ambos os negócios. Então a empresa lhe fornece o insumo, e você vai oferecer o que de volta? Pode ser um suporte em algum departamento, uma ajuda para crescer determinada área da empresa e assim por diante. E, por fim, **ter doação**. Aqui me refiro à doação de tempo, de energia, de ideias. Você precisa, realmente, se empenhar para aquilo dar certo, parcerias não vão para frente se apenas um dos lados se esforçar nem se não houver um trabalho constante em ambas as partes em prol de um crescimento mútuo.

Ao unir essas três regras de ouro, chegamos ao ponto fundamental das alianças estratégicas: oferecer e dar mais do que espera receber. Portanto, não se entra em uma aliança pensando em como vai se beneficiar, mas sim em como beneficiar a relação em si. Digamos que eu faça aliança com uma indústria de macas. A maca é um equipamento essencial para o meu negócio e de que preciso em quantidade grande para abastecer todas as clínicas. Me responda: eu só tenho que pensar em obter um preço mais baixo para mim? O que eu procuro são macas mais baratas? Não! O pensamento correto é *eu quero que essa empresa aumente a produção, eu quero fazer propaganda para que as macas deles fiquem famosas, eu quero virar um garoto-propaganda para a marca*. Veja que eu não penso em onerar a indústria de macas de nenhuma forma; nessa relação, todos saem ganhando. Você não pode chegar para uma aliança e dizer "eu preciso que você me ajude, mas não tenho nada a oferecer em contrapartida". Eu ouço isso todos os dias. Uma aliança só funciona se as duas partes têm algo a oferecer.

O que acontece é que algumas empresas procuram alianças para ganhar alguma vantagem. De olho em se aproveitar da outra parte, que muitas vezes é formada por uma pequena empresa, exigem uma

O pensamento, portanto, é com quem eu posso me juntar, pessoa física ou jurídica, para ter mais capacidades?

@stanleybittar

participação no negócio ou colocam outros *players* no jogo para tirar proveito da situação. Isso é um grande erro e está fadado ao fracasso, pois não se trata de uma aliança estratégica, e sim de oportunismo.

Não dá para ser umbiguista e seguir olhando para o próprio sucesso sem pensar no parceiro. Tirar vantagem do outro, aproveitar uma situação de fragilidade e inferiorizar o produto alheio só para conseguir uma vantagem competitiva são atividades que estão em desuso e não pegam bem, qualquer que seja o seu ramo. Quando procuramos alianças, estamos falando de uma visão árabe de negócios, em que ofereço alguma coisa e recebo outra. Todo mundo ganha junto, lembre-se sempre disso. E esse acordo precisa ficar muito claro para todos os envolvidos desde o início das negociações. O Sheik Mohammed Bin Rashid Al Maktoum, primeiro-ministro dos Emirados Árabes Unidos, tornou famoso o gesto da mão que simboliza as letras W, V e L, que significam:

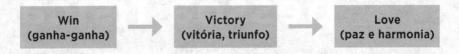

Eu gosto de trazer essa mesma ideia para o mundo dos negócios. No centro das alianças estratégias, o WVL precisa estar presente. Todo mundo ganha, todo mundo triunfa e os parceiros precisam se entender para dar certo.

No livro *Grow or Die*, o autor George T. Lock Land defende a ideia de que ou os negócios estão crescendo, se expandindo, agregando, aglutinando ou estão morrendo, assim como ocorre na natureza.[36] Você já viu uma relação parasitária dar certo? Não, porque o parasita mata o hospedeiro. E sem o hospedeiro, o parasita morre também. É uma relação desarmônica e, a longo prazo, desvantajosa para ambas as partes.

---

36. LAND, G. T. L. **Grow or Die**: the Unifying Principle of Transformation. Nova York: Dell, 1973.

Mas como lidar com empreendedores que ainda têm a visão antiga? Claro que você se deparará com pessoas querendo tirar vantagem a qualquer custo. A resposta para essa questão está dentro de você, é muito mais intangível do que tangível. O seu pensamento, os seus princípios e a sua ética não são baseados no mundo exterior. A maneira como interage com o outro, como se relaciona e como conduz uma parceria é uma escolha sua. Assim como deve partir de você a iniciativa de continuar em uma parceria quando observar que WVL não é a base de uma relação. Se não estiver bem, você não deve gastar sua energia, o seu tempo, o seu humor e os seus recursos financeiros em algo em que não acredita. Meu conselho: acabe com a aliança e parta para outra!

ALIANÇAS NO SEU ECOSSISTEMA

Enquanto criava minhas alianças estratégicas, planejava tudo em modelo de sociedade. A primeira delas, inclusive, foi no modelo de sociedade em conta de participação (SCP). Nesse caso, a administração do negócio não é compartilhada por ambos os sócios, apenas uma parte fica com a função. A fábrica fazia os cosméticos, e eu os consumia nas clínicas. Esse modelo era o que mais fazia sentido para o momento do meu negócio e para a fábrica parceira.

Outras alianças surgiram, mas nem todas elas se tornaram sociedades. Uma aliança por si só não leva automaticamente a uma sociedade. Tudo é uma questão de estratégica. O que eu sugiro é que você não comece o seu negócio já pensando em ter mais sócios. Pense em fazer boas parcerias que se revertam em negócios positivos para a sua empresa e para o outro lado envolvido. Também não tenha pressa em escolher o parceiro: analise os valores e a visão da outra parte, tente entender se realmente há o compromisso de fazer a relação ser benéfica para todos.

Pode ser que isso vire uma sociedade? Sim, mas também pode ser uma simples parceria. Desde que esteja bom para ambas as partes, essas alianças não têm prazo de validade. Elas podem ser apenas boas parcerias para o resto da vida.

Quanto mais alianças formamos, mais musculatura teremos no nosso negócio, mais robusto ficamos e mais ganhamos força para crescer. Imagine que cada aliança é a união de dois mundos conectados. Quanto mais alianças, mais conexões temos. Agora imagine que você faça 120 alianças, serão 120 mundos conectados. Olha a força que o seu negócio ganha! Vira uma rede de negócios colaborativa. Isso sim é o verdadeiro networking. Ouço muito as pessoas falarem de networking como uma rede de relacionamentos, mas eu sugiro ir além, pensar em mais do que uma troca de contatos. Use o networking para aumentar a sua rede de negócios e, quem sabe, começar o seu ecossistema.

Ter esse networking depende muito da sua proatividade. Hoje, eu recebo muitas propostas de pessoas interessadas em formar alianças estratégicas, mas nem sempre foi assim. Ao começar um negócio você precisa ficar de olhos e ouvidos bem abertos às oportunidades, como bem falamos no capítulo anterior, e ser proativo. Já viu uma loja bater o recorde de vendas do mês com o vendedor parado atrás do balcão esperando o cliente entrar? Todo mundo precisa correr atrás do seu sol. E com as alianças estratégicas não pode ser diferente, não dá para ficar esperando. Você tem que acordar todas as manhãs se movimentando para que tudo aconteça. E como fazer isso? Identifique as alianças de que você precisa, identifique aquelas que tenham sinergia com o seu negócio, que compartilham de seus valores e princípios e, principalmente, que entendam que alianças estratégicas existem para que todos saiam ganhando. Essa é a estratégia certeira que você precisa ter em mente para fazer alianças saudáveis e frutíferas. Quanto mais treinar esse pensamento, melhor será para todo o ecossistema.

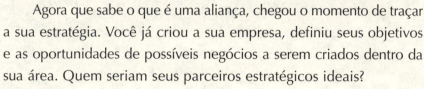

AGORA É A SUA VEZ

Agora que sabe o que é uma aliança, chegou o momento de traçar a sua estratégia. Você já criou a sua empresa, definiu seus objetivos e as oportunidades de possíveis negócios a serem criados dentro da sua área. Quem seriam seus parceiros estratégicos ideais?

Nos espaços em branco, escreva as alianças que poderiam ser benéficas para o seu negócio. Ao lado, escreva o que essa empresa pode oferecer para o seu negócio. Também escreva como a sua empresa pode ser útil para o lado oposto. Não se esqueça do conceito WVL.

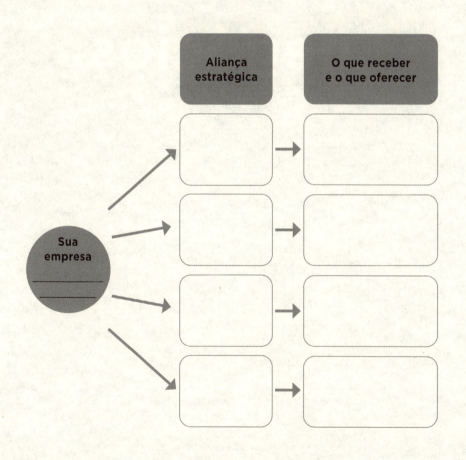

Desenvolva um plano de negócios

CAPÍTULO 7

4º DEGRAU

Um dos principais desafios de empreender é pensar estrategicamente. Isso significa olhar para o futuro já planejando cenários que levem ao crescimento a longo prazo. Quem pensa estrategicamente toma decisões baseadas em números, em estatísticas, em metas e objetivos, e não apenas no achismo. É quando a pessoa deixa de ser um simples dono de empresa para virar um gestor com VER (visão → estratégia → resultado).

A melhor maneira de pensar esse futuro e planejá-lo estrategicamente é fazendo o seu plano de negócios. Essa ferramenta é muito importante na administração de um empreendimento, pois é a partir dela que você consegue enxergar a viabilidade da empresa que está abrindo e determinar as decisões que serão tomadas na sequência.

Abrir uma empresa sem um plano de negócios é como andar em um campo minado com os olhos tampados. Você vai tateando, devagar, com cuidado a cada passo que dá, mas quando menos espera, pode acabar pisando em uma bomba e destruir o seu negócio.

Embora muitos achem que isso é só para grandes empresas ou sociedades que já começam com grandes investimentos, fazer um plano de negócios deveria ser prioridade também nas pequenas empresas. O problema é que poucas se preparam para o futuro. Em 2018, a companhia estadunidense Constant Contact fez uma pesquisa com 1.005 pequenas empresas – aquelas com até vinte funcionários – e 63% delas afirmaram não ter um planejamento a longo prazo, antecedendo-se em mais de um ano. Isso significa que essas empresas operam olhando o ano a ano.

E sabe por que não conseguem criar suas estratégias? A pesquisa mostrou que os proprietários priorizam as questões diárias e objetivos de negócios tangíveis e imediatos e deixam os planos estratégicos de longo prazo de lado.[37] Justamente o que eu falei no começo deste capítulo: as pessoas ficam na operação, onde o resultado imediato é facilmente percebido – é tangível – e se afastam da operação em que os resultados demoram mais para aparecer.

E tem mais: biologicamente, somos preparados para sofrer menos, nos estressar menos, pensar menos. O cérebro adora nos levar para a zona de conforto. Isso significa que em vez de ler um livro para adquirir conhecimento, ele vai levar você para a frente da TV para ver aquele programa que não exige muito raciocínio. Em vez de levá-lo a criar o plano de negócios da sua empresa, vai ser mais fácil continuar como o funcionário padrão, trabalhando em uma empresa que outra pessoa criou.

Mas se você me acompanhou até aqui, creio que seja como eu, um inconformado com as situações que me incomodam. E se me incomoda é ali mesmo que eu vou mexer para entender, aprender mais, criar mais e reverter a situação. Ficar na zona de conforto nunca me encantou.

Não vou mentir dizendo que seu plano de negócios ficará pronto em uma ou duas horas. Ele vai dar trabalho, talvez você nem o termine no mesmo dia. É possível também que ele mostre problemas

---

37. CONSTANT Contact Survey Reveals New Insights on 2018 Small Business Strategy, Outlook and Priorities. **Constant Contact**, 19 abr. 2018. Disponível em: https://news.constantcontact.com/2018-04-19-Constant-Contact-Survey-Reveals-New-Insights-on-2018-Small-Business-Strategy-Outlook-and-Priorities. Acesso em: 20 jun. 2023.

que você não tinha percebido antes. O plano de negócios é cortar na carne, sair da zona de conforto, é estressar a mente. Mas deixar de fazê-lo vai custar a você muito mais que um dia ou dois. Ele pode custar o seu sonho de ter uma vida melhor, de proporcionar uma vida melhor para a sua família, o seu futuro.

Cumpra todas essas etapas com seriedade e serenidade. Esse esforço garantirá o que eu chamo de PR (paz + resultado). Eu não quero resultado tirando a minha paz, mas também não quero viver tranquilo, olhando para o teto sem ter resultados, ignorando o que poderia fazer para crescer. O que buscamos é o equilíbrio, o PR. Guarde isso para a sua vida.

COMECE O SEU PLANO DE NEGÓCIOS

Existem diversos modelos de planos de negócios. Apresento a seguir o que vou ter a pretensão de me colocar como criador. Ao longo da minha trajetória, apliquei diversos conceitos, aprimorando as ideias até chegar a um plano de negócios que faz sentido para o que eu acredito que seja o jeito Stanley de empreender. Daí surgiu o Stanley's Business Plan, baseado no conceito de riqueza plena. Aplicado aos negócios, ele é dividido em cinco partes:

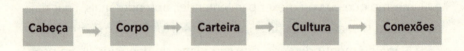

A seguir vou explicar cada um dos Cs. Sugiro que você, ao aplicar o plano, siga o roteiro na ordem que estou ensinando, e sem pular etapas. Ao final, terá um *roadmap* completo[38] do seu negócio.

---

38. *Roadmap* é uma espécie de mapa em que se detalha todas as etapas para implementação de um projeto. (N. E.)

Ficar na zona de conforto nunca me encantou.

@stanleybittar

Cabeça

Essa primeira parte do plano de negócios é a mais conceitual do processo. Nesse momento, as ideias ainda estão no seu pensamento, ainda é um desejo que você precisa descobrir se é viável. Apesar de ainda estar apenas no campo das ideias, ter clareza é importante para determinar o que se quer fazer e que caminho seguir. Sem esse direcionamento, você vai continuar atirando para todos os lados, sem nunca acertar o alvo. Lembre-se: se a pessoa não sabe para onde vai, qualquer destino vale.

Esta etapa é dividida em dois eixos: o primeiro, que eu chamo de próprio, e o segundo, que dei o nome de eixo alheio. O seu plano de negócios deve contemplar os dois eixos.

Eixo próprio: Também chamado de interno. Corresponde às suas aspirações internas, aquilo que o motiva a abrir aquele negócio. Para encontrar seu eixo próprio, responda às seguintes questões:
- Esse negócio responde ao meu chamado?
- Esse negócio tem a ver com as minhas habilidades, aptidões, valores e paixões?
- Esse negócio está de acordo com os meus objetivos?

Eixo alheio: Também chamado de eixo externo. É onde você vai definir qual é a dor que o seu negócio vai tratar e como vai solucioná-la. Se com a cura proposta eu não conseguir empolgar a mim mesmo, o meu cliente e as pessoas ao meu redor (colaboradores, parceiros, sócios), ela fica fora do nosso universo. Meus olhos brilham até hoje quando falo de transplante capilar, quando falo de saúde, beleza, estética. Eu acredito nisso, me encanta. E é assim que tem que ser com você.

Para isso, responda:
- Qual é a dor que o meu produto ou serviço quer solucionar?
- Essa dor condiz com o meu eixo interno?
- Como meu negócio cura essa dor?

- A solução proposta é inovadora ou disruptiva?
- A solução condiz com o meu eixo interno?

Corpo

A segunda parte do seu plano de negócios é dedicada à viabilidade das suas ideias. Pense se elas realmente são executáveis. Quando comecei a empreender, eu não conhecia essa necessidade, e isso acabou com os meus negócios.

Para não errar como eu, sugiro que no corpo do seu plano de negócios você use ferramentas eficientes e bastante conhecidas na área de negócios. Comece com a Análise SWOT (aquela mesma que ensinei no Capítulo 4), para analisar os pontos fortes e fracos do seu empreendimento, assim como avaliar as oportunidades e as ameaças que o mercado oferece.

Com essas informações em mãos, é hora de pensar em um plano de ação. Para isso, eu uso a ferramenta 5W2H, que é composta por sete questões. Quando respondidas de maneira realista (isso é muito importante) e sucinta (uma frase apenas, sem muita enrolação) ajudam a direcionar os seus negócios, pois colocam às claras as suas reais necessidades. São elas:

5W
What – O que será feito?
Why – Por que será feito?
Where – Onde será feito?
When – Quando será feito?
Who – Por quem será feito?

2H
How – Como será feito?
How much? – Quanto vai custar?

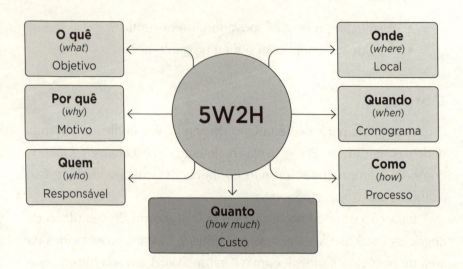

Imagine que o seu projeto seja abrir uma loja de cosméticos em um bairro na Zona Oeste da capital paulista. Seu 5W2H seria mais ou menos assim:

> *What*: abrir uma loja especializada em cosméticos para o público final (não profissional).
> *Why*: o bairro possui um fluxo grande de pessoas que transitam todos os dias no caminho para o trabalho e para as universidades presentes na região.
> *When*: dezembro de 2023.
> *Who*: eu serei o responsável.
> *Where*: no bairro de Pinheiros, na Zona Oeste de São Paulo (SP).
> *How*: alugar ponto comercial, fazer estoque por meio de alianças estratégicas, contratar mão de obra e preparar a inauguração.
> *How much*: R$ 60 mil.

A próxima etapa é elaborar o seu Canvas. Neste quadro, você descreve todos os pontos necessários para o funcionamento do seu novo negócio, formulando um esboço da atividade. Criado no início dos anos 2000 pelo empresário suíço Alexander Osterwalder, esse modelo de gerenciamento apareceu pela primeira vez em sua tese de doutorado, defendida na Universidade de Lausanne, na Suíça, e depois se consolidou quando ele, junto com o cientista de computação belga Yves Pigneur, publicaram o livro *Business Model Generation*.[39] De maneira geral, o Canvas é dividido em nove partes e responde quatro principais questionamentos – Como? O quê? Para quem? Quanto?

Na próxima página, há um Canvas que você poderá preencher com as informações do seu negócio. Resumidamente, vou explicar cada uma delas.

- **Proposta de valor**: É o que o seu produto ou serviço oferece para o mercado e que terá valor para o seu cliente. É a sua proposta inovadora que o diferencia dos concorrentes e que faz com que o cliente prefira a sua empresa, mesmo quando o preço não for o menor.
- **Segmento de clientes**: Clientes que serão o foco da sua empresa. Você pode segmentá-los de acordo com as suas características principais. Lembre-se de que não precisa ter só um perfil de cliente. Seu produto, muitas vezes, pode atender a clientes diferentes, mas isso precisa ficar claro desde o início do negócio.
- **Canais**: Onde o seu cliente compra ou recebe o seu produto. Pode ser uma loja física, um e-commerce, um canal do WhatsApp, uma entrega delivery, balcão, *locker*... O importante é que a solução seja simples e rápida para o cliente.
- **Relacionamento**: Como a sua empresa se relacionará com os clientes? Pode ser por meio das redes sociais, um serviço de atendimento ao cliente, um canal pelo WhatsApp ou qualquer outro que esteja acessível para o cliente e que seja funcional para a sua empresa.

---

39. OSTERWALDER, A.; PIGNEUR, Y. **Business Model Generation**: inovação em modelos de negócios. Rio de Janeiro: Alta Books, 2011.

Parcerias-chave	Atividades-chave	Proposta de valor	Relacionamento	Segmento de cliente
	Recursos-chave		Canais	

Estrutura de custos	Fontes de receita

- **Atividades-chave**: As atividades essenciais para a entrega da proposta de valor. O que você precisará fazer para que o seu cliente receba seu serviço ou produto como descrito na proposta de valor.
- **Recursos-chave**: Os principais recursos necessários para a atividade-chave.
- **Parcerias-chave**: Alianças que podem ser estabelecidas para a realização da atividade-chave. Aqui também vale citar os fornecedores ideais para o seu negócio.
- **Fontes de receita**: Maneiras de obter receita por meio da proposta de valor, ou seja, como monetizar o seu negócio.
- **Estrutura de custos**: São os custos necessários para que a proposta funcione. Nesta etapa, observe tudo o que colocou no Canvas e faça a estimativa de custos para tangibilizar toda a operação.

Não se preocupe se ainda não tiver todas as respostas necessárias para o preenchimento. Coloque o que você pretende fazer e depois valide-as com um MVP. Falaremos sobre isso adiante.

Para continuar o raio X do projeto, o plano de negócios também deve pensar como implementar esses processos e torná-los melhores, de maneira contínua. Nesse caso, sugiro que você aplique um PDCA.

Em inglês, PDCA significa *Plan-Do-Check-Act*. Em português, a sigla vira Planejar-Fazer-Checar-Agir. Para fazer o seu PDCA, considere cada etapa da seguinte maneira:

- **Planejar (*plan*)**: Nesta etapa, você vai fazer a identificação de problemas que ocorrem nos processos da empresa ou que possam ocorrer. Também deve determinar as principais características dessas ocorrências, as causas e as possíveis soluções. Essa etapa exige um aprofundamento detalhado do problema com base nos objetivos e valores da empresa.
- **Fazer (*do*)**: É hora de colocar a solução em andamento, ou seja, executar o plano que você traçou na etapa anterior. Neste

momento, você deve considerar treinar todos os envolvidos no processo para o alinhamento das ações. Lembre-se de que sozinho não se vai muito longe. Se toda a equipe não estiver andando na mesma linha, a execução pode não sair como planejada, interrompendo o seu ciclo.

- **Checar (*check*)**: Agora você tem que avaliar a execução para identificar os erros e acertos. Para isso, compare o que foi planejado (o *Plan*) com o que foi realizado (o *Do*) e avalie se os objetivos foram alcançados. Para sustentar essa comparação, use dados estatísticos. Não se baseie no achismo.
- **Agir *(act)***: Nesta etapa você deve fazer a correção das falhas identificadas no *Check*. Os acertos devem ser documentados e padronizados.

Tenha em mente que o PDCA é um ciclo, sendo assim, ele não tem fim. Você vai começar a planejar, passa para o fazer, para a checagem e depois para a ação. E retorna para o planejar novamente. Da seguinte maneira:

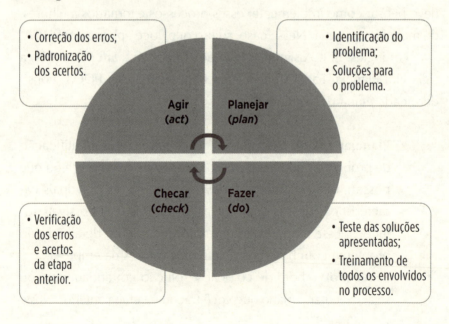

Esse ciclo contínuo permite que os processos da empresa estejam em melhoria constante, ajudando na tomada de decisões, na redução de falhas, na implementação de padrões e ainda serve como aprendizado quando novos processos forem incorporados ou quando precisarem de melhorias.

Carteira

Agora que você desenhou todo o plano de ação da empresa, está na hora de efetivamente pensar nos custos do negócio. Ainda que no 5W2H e no Canvas você tenha colocado uma estimativa de valor, é preciso se aprofundar nisso.

Nessa terceira parte, faça o estudo de viabilidade financeira do negócio para entender se ele é viável para aquele momento, naquele lugar, para aquela realidade. Esse levantamento permitirá saber como será o seu centro de custos, calculado em cima das despesas e lucros. Para isso, use dados reais do provável retorno financeiro de acordo com a injeção de dinheiro e a análise de mercado.[40] Além de determinar a viabilidade de uma nova empresa, esse estudo também deverá ser usado toda vez que você for lançar um novo projeto ou para comparar dois produtos ou serviços e determinar qual será o escolhido.

Para fazer o cálculo, você terá que reunir alguns dados. São eles:

- **Análise de mercado**: Você deve analisar a concorrência, a sazonalidade do seu produto ou serviço, a aceitação do público-alvo e até mesmo a possível variação de vendas de acordo com a situação econômica. Dados específicos da sua área de atuação também devem ser considerados.

---

40. VIABILIDADE financeira. **SEBRAE**, 25 nov. 2019. Disponível em: https:// sebrae.com.br/sites/PortalSebrae/ufs/pr/artigos/viabilidade-financeira,4e8c cd18a819d610VgnVCM1000004c00210aRCRD. Acesso em: 25 jun. 2023.

- **Fluxo de caixa**: Esse indicador mostra os investimentos, os custos e despesas em um determinado período. Quando se está iniciando uma empresa, o que você precisa fazer é uma projeção, considerando períodos de dois, cinco e dez anos. Essa projeção é importante porque, a partir dos dados coletados, é possível ter uma ideia do capital de giro necessário para custear a operação e ainda projetar o futuro. Ela também mostra quando a operação não está se pagando, ou seja, está dando prejuízo. Para calculá-lo, projete todos os recebimentos (vendas) e pagamentos (boletos, duplicatas, despesas em geral) e observe se o saldo final é positivo ou negativo. O ideal é fazer uma projeção com três cenários – um mais otimista, outro mais pessimista e um neutro. Não se esqueça de considerar na conta seus custos fixos e variáveis. Os fixos são aqueles que precisam ser pagos independentemente de a empresa ter dado lucro ou não. Como são recorrentes, o valor muda muito pouco de um mês a outro. Exemplos: aluguel, pagamentos de colaboradores, água, luz, internet. Já os variáveis são aqueles que aumentam ao passo que a produção da empresa também aumenta. Um exemplo é o pagamento de comissões e insumos. Outro valor que você não pode desconsiderar são os impostos. Essa carga costuma ser bem alta, e a empresa tem que estar preparada para arcar com todos eles mensalmente.

- **Indicadores**: Alguns indicadores também ajudam a analisar essa viabilidade: *payback* (mostra quando a empresa deve recuperar o capital investido); *break even;* TMA (taxa mínima de atratividade, que mostra o mínimo esperado para receber em relação ao caixa, de acordo com os investimentos feitos); lucro líquido (lucro obtido depois de retiradas as despesas operacionais); EBITDA (lucro obtido pela empresa antes dos juros, dos impostos, da depreciação e da amortização);

margem de contribuição (valor que sobra das vendas ao descontar custos e despesas variáveis).

Com todas essas informações em mãos, analise se o esforço, o dinheiro e o tempo investidos são viáveis e se estão de acordo com os objetivos da empresa.

Cultura

Por cultura, entende-se que o seu produto, o seu serviço ou até mesmo os valores, missão e visão da sua empresa são aptos para este momento, para as leis locais; se as pessoas, que são os seus clientes, têm consciência adequada para a sua proposta de valor e assim por diante.

Volto ao exemplo do João Appolinário, da Polishop. O negócio de blindagem de veículos era bárbaro, mas não existia essa cultura nos consumidores. Hoje é uma necessidade, uma obrigação para proteger a família, não é mais luxo. Mas, naquela época, o negócio não vingou.

Todos esses conceitos são importantes, e o empreendedor precisa conhecê-los. Como eu já falei anteriormente, você não precisa ser um expert em todos esses assuntos, mas precisa ter o conhecimento mínimo para usá-los no dia a dia do seu negócio. Com o plano de negócios acontece o mesmo. Você tem que fazê-lo, mesmo que não domine todas as ferramentas ou fique em dúvida quanto a uma informação ou outra. Não dá para usar a desculpa de "eu não sei como se faz". Quem quer aprende. Eu estou com o *skin in the game*[41] de domingo a domingo. Não tem para onde fugir.

---

41. *Skin in the game* é uma expressão usada no meio dos negócios que significa que o empreendedor se coloca em risco todos os dias, em todos os momentos. Como se fosse o "arriscar a própria pele" pelos negócios. (N.E.)

Conexões

A última etapa do seu plano de negócios trata de conexões. Aqui são os relacionamentos que você já tem e com os quais pode contar ou que colaboram de alguma maneira com o seu negócio. Também entram as alianças que já estão formadas ou que podem ser firmadas e que colaborarão para a expansão da sua empresa.

Essa parte é importante porque, ao iniciar um negócio, as pessoas próximas são importantíssimas para que ele decole. Geralmente seus amigos e familiares são seus primeiros clientes ou fornecedores, muitas vezes até mesmo seus financiadores. Então, antes de começar um negócio, você precisa saber com quem pode contar.

TESTE O SEU PLANO DE NEGÓCIOS

O seu plano de negócios está pronto? Então é a hora de validar as respostas, testando-as. É quando você descobre se aquela ideia e tudo o que escreveu realmente é interessante para o mercado.

Para esse teste, faça um MVP. Como já falamos, trata-se de uma versão de teste de um produto ou serviço que será lançado para avaliar todo o processo, a viabilidade financeira e a aceitação do mercado. Uma das principais características do MVP é colocar para rodar um produto com o mínimo de recursos possíveis, ou seja, sem gastar muito, mas que soluciona a dor que ele trata. Isso significa que a proposta de valor já precisa estar presente nesse teste. A empresa oferece um mínimo de funcionalidades, mas ela tem que solucionar o problema do consumidor, assim como o produto final. Esta é a ideia básica do MVP: oferecer algo simples, mas já com as principais funcionalidades para validar a proposta e aprimorar o modelo de negócios.

É o que acontece, por exemplo, quando um software é lançado na versão beta. Ele roda bem, resolve o problema do consumidor, mas ainda não tem todas as funções; é uma versão mais *clean*. Quer outro exemplo além daquele do Facebook? Um hotel antes de ser inaugurado costuma fazer um *soft opening*. Nesse período, ele funciona de maneira limitada e controlada para testar toda a operação. O metrô também costuma fazer MVP antes de abrir uma estação para a operação total. Ele funciona em horário limitado e somente durante os dias da semana; isso permite corrigir falhas, testar o fluxo de pessoas e se preparar para a inauguração total. O mesmo acontece com restaurantes, que nas primeiras semanas oferecem um cardápio teste e abrem em horários diferenciados antes da grande inauguração, ocasião em que todos os pontos já estarão alinhados. Vê como funciona para qualquer área ou serviço?

Assim como falamos anteriormente, o Facebook, antes de ser lançado para o mundo, foi testado dentro da Universidade de Harvard. O mesmo fez Jeff Bezos com a Amazon. Ele começou com um pequeno site vendendo livros, e só depois de validar essa ideia e entender a maturidade do mercado é que ele aumentou seu portfólio. A cada nova categoria de produto inserida no site, mais um MVP era feito. Quer outro exemplo? Antes de lançar o aplicativo do Easy Taxi, seu fundador, Tallis Gomes, montou um formulário em um blog que coletava nome, e-mail, endereço de partida e destino e – acreditem – a cor da camisa da pessoa para ajudar na identificação pelo taxista. A cada novo atendimento, o empreendedor pedia um feedback para o cliente. O foco era validar a solução do negócio.[42]

Após esse teste, é comum o plano de negócios sofrer ajustes. Não se assuste, é normal e esperado, nenhum negócio nasce pronto. Aliás, ele é um organismo vivo que precisa de ajustes constantes. As maiores empresas estão sempre alterando e melhorando processos. Então,

---

42. BICUDO, L. 10 exemplos de MVP bem-sucedidos. **Portal G4 Educação**, 26 maio 2022. Disponível em: https://g4educacao.com/portal/exemplos-de-mvp-bem-sucedidos. Acesso em: 25 jun. 2023.

mesmo quando a sua operação estiver 100% em ação, considere fazer essas checagens constantes. Esse é um caminho que o levará para o crescimento. Afinal, ou você cresce ou você morre!

AGORA É A SUA VEZ

Chegou a hora de montar o *roadmap* do seu Stanley's Business Plan. Abaixo, deixo um modelo inspirado no Canvas para que você vá preenchendo. Aliás, sugiro que você preencha o Canvas que ensinei no capítulo junto a esse *roadmap*. Ao final, você terá um esboço importante do seu plano de negócios.

STANLEY'S BUSINESS PLAN

Eixo próprio	Proposta de valor	Clientes	5W2H
Eixo próprio	Principal atividade	Melhorias	5W2H
Eixo alheio	Análise do mercado	Investimento	Custos/despesas
Eixo alheio	Fluxo de caixa		
Viabilidade financeira		Cultura	
Conexões			

CABEÇA

CARTEIRA

CONEXÕES

CORPO

CULTURA

DESENVOLVA UM PLANO DE NEGÓCIOS

Execute o plano

CAPÍTULO 8

5º DEGRAU

Você chegou ao último degrau do Stanley's Ecosystem. Durante essa jornada, aprendeu tudo o que envolve o operacional do seu negócio. Já sabe identificar as oportunidades, entendeu a necessidade das alianças estratégicas e quais delas seriam as mais indicadas para a sua empresa. Aprendeu também a criar o seu plano de negócios.

Porém, mais do que falar de números, indicadores, alianças e oportunidades, o quinto degrau foca em algo que não é tangível, mas é extremamente importante dentro de uma empresa, e é responsável em fazer toda essa máquina funcionar: o seu mindset.

Ser um empresário não é só ter uma empresa. Você precisa ir além e ser um benfeitor, uma pessoa que quer fazer a diferença no mundo. Aliás, essa é a segunda maior intenção dos brasileiros quando abrem uma empresa, fica atrás apenas de garantir uma renda mensal.[43]

---

43. EMPREENDEDORISMO no Brasil 2022: relatório executivo. **Global Entrepreneurship Monitor**. Disponível em: https://datasebrae.com.br/wp-content/uploads/2023/05/GEM-BR-2022-2023-Relatorio-Executivo-v7-REVISTO-mai-23.pdf. p. 7. Acesso em: 20 ago. 2023.

E você não vai conseguir fazer isso se continuar cuidando apenas de números.

Colocar o seu plano em ação começa com a sua determinação em mudar seus pensamentos, e isso resultará também em uma mudança de vida. Eu errei por dezesseis anos como empresário, mas como eu já contei aqui, chegou um momento em que fechei tudo, zerei tudo que tinha para recomeçar do jeito certo. Eu sabia da minha capacidade, fui pé no chão e, aos poucos, montei a minha escada de crescimento. O nome disso é determinação. Mas isso, assim como a motivação para não desistir, só surgiu porque eu tinha um porquê, eu tinha um propósito em tudo que estava fazendo.

Durante esses anos que passei errando, diversas vezes tentei entender como fazer para multiplicar meu faturamento. No começo, me apeguei apenas aos processos. Depois de bater muita cabeça e tomar muito prejuízo, entendi que estava falhando em algo primordial, que era justamente em ser um bom líder. Eu não estava deixando um legado, só estava tocando uma empresa, só estava existindo. Nada além disso. O legado é o que realmente importa e o que faz com que as pessoas acreditem na essência do seu negócio.

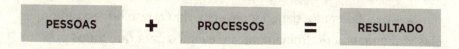

Liderança é relacionamento. Trabalho é relacionamento. Se você não tem a capacidade de agregar pessoas, fatalmente não conseguirá fazer nada a longo prazo, porque não terá gás, energia e braço suficientes para crescer. Além disso, ao cultivar bons relacionamentos você consegue fazer com que o seu trabalho perdure, vá além dos seus limites pessoais e intelectuais, pois suas ações ultrapassarão o tempo. Depois que você partir, por causa dos seus relacionamentos, você vai deixar algo seu em cada pessoa aqui na Terra. Isso é parte do seu legado.

Então, depois de anos empreendendo, eu entendi que, para ter resultados, uma empresa tem que unir os processos com relacionamento, ou seja, lidar da melhor maneira com as pessoas que estão ao seu redor, realmente se importando. E as pessoas vêm em primeiro lugar. Por pessoas entenda seus colaboradores, parceiros, sócios e todos aqueles que fazem parte do seu ecossistema.

O escritor Simon Sinek diz que "100% dos clientes são pessoas. 100% dos colaboradores são pessoas. Se você não entende de pessoas, você não entende de negócios". E concordo com ele, se você não levar essas pessoas a acreditarem em você, se elas não se enxergarem na cultura da empresa, não há parte operacional que se sustente, por mais planejada que esteja. Eu sei que não é fácil, tanto que uma pesquisa realizada pela Endeavor em 2016 já apontava a gestão de pessoas como o maior desafio de quem tem um negócio.[44]

Mesmo sendo um desafio trabalhar com pessoas, é importante ressaltar que também são elas o maior ativo da sua empresa. Por isso, o último degrau do método Stanley's Ecosystem é voltado à liderança e aos relacionamentos. O seu plano de negócios só será colocado em ação se você tiver essas pessoas ao seu lado, 100% fechadas com você. Na minha holding, faço questão de estar todos os dias ao lado das pessoas. Eu canto, danço, converso, dou conselho, escuto o que elas têm a dizer, crio treinamentos e eventos para que todos possam se aperfeiçoar (ainda vou me aprofundar nesse quesito). Até de coelhinho da Páscoa eu já me vesti. Também me transformei em um Papai Noel que dança o hit da internet "Tubarão te amo".[45] Isso faz muita diferença. Juntos, comemoramos os resultados. Juntos, abraçamos os desafios e, juntos, seguimos em frente todos os dias. Essa relação só

---

44 OS 5 maiores desafios de quem empreende. **Endeavor**. Disponível em: https:// endeavor.org.br/ambiente/5-desafios-empreendedores-pesquisa/. Acesso em: 25 ago. 2023.

45. TUBARÃO te amo. Intérprete: MC Ryan SP, Tchakabum, Dj LK da Escócia. *In*: TUBARÃO te amo. Rio de Janeiro: Sony Music, 2022.

Ser um empresário não é só ter uma empresa.

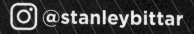 @stanleybittar

dá certo porque, assim como acontece com as alianças estratégicas, ela é boa para ambas as partes. É uma relação ganha-ganha.

Repare que na vida estamos sempre em uma negociação. Então é natural que você tenha que negociar com seus colaboradores para que eles incorporem a cultura da empresa, e também que deem o seu melhor no dia a dia. Sim, eles precisam da empresa, do emprego e do salário que ganham, mas você, como empreendedor, também precisa deles. Repito: ninguém faz nada sozinho. Eu nunca chegaria ao ecossistema que tenho hoje se resolvesse fazer tudo sem apoio. Aliás, eu até tentei, e no tempo em que joguei em todas as posições ao mesmo tempo, nunca progredi.

Eu sei, não é simples. Manter essas relações exige esforço. E olha que você está falando com um empreendedor que perdeu muito dinheiro com ações trabalhistas. Com pouca experiência, no começo da minha vida como empresário, eu sofri vários processos. Demorei para entender que, aliado a conhecimento técnico e processos bem definidos, um negócio só vai para frente se as conexões estiverem muito bem fortalecidas. Hoje eu apoio essa minha relação com as pessoas com base no modelo de gestão CREA, que significa:

C → conexão

R → emoções

E → relações

A → alianças

Quando estamos em CREA, assumimos um *modus operandi* de vida que vai além dos negócios, dos nossos interesses, além dos nossos objetivos. Ele envolve as conexões, os relacionamentos, as emoções envolvidas nisso e que resultam em alianças sólidas que ajudam o seu negócio a crescer.

Somado ao CREA, também uso o conceito BUILDER:

Todos esses conceitos eu levo diariamente para as relações travadas nas minhas empresas. E, juntos, CREA e BUILDER formam o dueto perfeito para fortalecer as relações.

GOVERNANÇA + LIDERANÇA

Na minha holding, eu tenho 634 colaboradores diretos e outros trezentos indiretos. Isso enquanto este livro estava sendo escrito. No começo, claro que você não terá essa mesma estrutura. Quando comecei tinha dez, vinte pessoas comigo, e mesmo assim eu aplicava os conceitos de governança.

No ambiente corporativo, a governança é definida como a maneira que uma empresa é administrada. Isso envolve todas as áreas de modo geral, desde a organização dos processos até a gestão de pessoas e as decisões estratégicas. E como essa governança corporativa é levada reflete na cultura do negócio. Seu principal objetivo é levar a empresa à excelência, certo? A governança, porém, não anda sozinha. Não há governança sem liderança. Assim, na prática, eu fortaleço diariamente esses dois pilares da seguinte maneira:

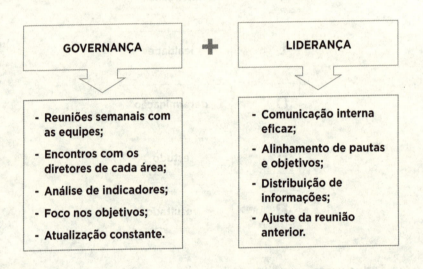

A soma desses dois pilares resulta em expansão exponencial. Isso porque permite a cada gestor identificar os problemas, as possibilidades de solução e tomar as decisões baseando-se na metodologia SWOT, e, claro, tudo sempre ligado à essência do negócio.

Repare que esse poder de decisão robusto não nasce de uma hora para a outra. Tudo é uma construção e você, como líder desse exército, precisa estar presente para fazer com que essas pessoas sejam as guardiãs do seu negócio. Para que o alinhamento seja total entre toda a equipe, nós realizamos cinco tipos de reunião semanais, com cerca de uma hora de duração cada uma. Uma a cada dia. Funciona da seguinte maneira:

Segunda-feira – Starter: É a reunião de start, ou seja, de começo da semana. Nela, fazemos um checklist dos objetivos e metas da semana a serem atingidos.

Terça-feira – 1a1: É a reunião de alinhamento com os líderes, realizada entre o CEO e cada líder. É nela que mais coloco energia, por isso é mais extensa que as demais. Pode durar metade de um dia ou um dia inteiro até.

Quarta-feira – Leadership: Reunião de governança que os líderes fazem sem a presença do CEO, pois têm liberdade para resolver as questões operacionais.

Quinta-feira – Together: É uma reunião com todas as equipes, para discutir problemas e encontrar soluções. Inclusive daqueles problemas internos que são resultado de ineficiência de alinhamento entre as equipes. É a famosa "lavação de roupa suja".

Sexta-feira – Closer: É a reunião de fechamento, para saber se o checklist da semana foi cumprido corretamente. Caso algo não tenha sido realizado, discute-se o porquê de não ter sido feito e como resolver a pendência na próxima semana.

E tem mais: uma vez por mês acontece o almoção, que é um almoço + reunião, entre mim e os diretores. Também mensalmente realizamos a Academia de Líderes, evento em que juntamos a equipe para treinamentos específicos.

Além disso, anualmente, promovemos o Evento de Cultura para todos os colaboradores e gerentes regionais. A intenção é reforçar a importância de ter a cultura alinhada entre todas as pessoas. São três dias de evento, os dois primeiros são dedicados a assuntos corporativos. Então, falamos sobre missão, visão, valores, ética, política de cada setor, métricas das unidades, resultado da pesquisa de satisfação do cliente, números, metas, objetivos etc. Também é uma oportunidade de reconhecer o trabalho daqueles que se destacaram, premiando-os e mostrando para os colaboradores que eles não são apenas números e planilhas. Esse momento é para reforçar que os reconhecemos como pessoas, que a base da nossa cultura é formada por pessoas. Isso sempre precisa ficar muito claro. Os colaboradores precisam sentir que a empresa os enxerga integralmente.

O terceiro dia do Evento de Cultura da Stanley's é dedicado à confraternização. Oferecemos um churrasco e atividades de lazer como futebol, vôlei, dança, entre outras. Também há distribuição de brindes personalizados. É algo dinâmico e social, em que os colaboradores têm a oportunidade de conhecer uns aos outros em um momento de descontração, algo mais livre. É a nossa oportunidade de mostrar que o encantamento que oferecemos aos nossos clientes – um de nossos valores – também se estende aos colaboradores. Queremos oferecer algo além do prometido, proporcionar o encantamento. Tanto que, uma semana após o evento, rodamos uma pesquisa de satisfação interna em que os colaboradores avaliam o evento, podendo fazer sugestões e críticas. Isso mostra como nos preocupamos com o que eles sentem e também com o que esperam da empresa.

Mas essa preocupação com o colaborador não se resume somente a esse evento. Ao longo do ano, realizamos várias ações com este mesmo objetivo: engajar as pessoas em torno da cultura da empresa, que é baseada em cinco valores:

- **Encantamento**: Como já falei, é a oportunidade de buscar sempre fazer algo além do esperado. Acreditamos que um colaborador encantado é capaz de passar essa energia para o cliente.
- **Acolhimento**: Somos uma empresa aberta, amigável, que acolhe. Promovemos escuta ativa, solidariedade e nos colocamos à disposição para ajudar sempre que necessário.

- **Senso de dono**: É o compromisso de dedicação com a missão e visão da empresa.
- **Inovação**: Sempre pensamos em novas maneiras de alcançar metas e objetivos e não desistimos nunca..
- **Engajamento**: É fundamental estarem comprometidos com a missão e visão e participarem de todos os momentos da empresa, com dedicação e carinho.

Entre as ações que realizamos internamente, estão o dia da saúde e bem-estar; festas temáticas (Páscoa, Carnaval, festa junina); dia do hambúrguer; dia da pizza; comemoração dos aniversários do mês; roda de oração e os novos papais e mamães recebem um kit personalizado com fraldas e enxoval bordado (body, manta, sapatinho) para comemorar a chegada de mais um *baby* Stanley's.

Ter esse nível de contato, colocar a equipe em movimento, fez com que saíssemos de um faturamento baixo, modesto, e começássemos a subir vertiginosamente. De um milhão de faturamento ao ano passando para dois, dez, cem, duzentos milhões.

Há outras empresas atuando no nicho em que eu trabalho – saúde, beleza, educação, bem-estar. Mas o que fez as nossas empresas estourarem a bolha e crescerem tanto e tão rápido? Foram as pessoas. Foi a gestão de pessoas. Foi a liderança.

Esse é um exercício que tem que partir do líder, do fundador ou de quem assume esse papel. E ele precisa ser verdadeiro. Quando essas pessoas sentem que o sonho do líder de crescer, de ter a maior empresa do Brasil, de se tornar um milionário é a chance de elas também conquistarem o que sonharam para a sua vida, elas se entregam e fazem de tudo para entregar o melhor.

Só depois que você olhar para as pessoas é que chega a hora de olhar para os processos – que já estão definidos no seu plano de negócios – e definir as metas de crescimento. No livro *Hábitos atômicos*, o autor James Clear sugere que precisamos ser 1% melhor a cada dia.[46] A minha teoria é diferente. Eu uso 30%. Antes que você feche este livro e ache que eu sou louco (ok, eu confesso que às vezes sou mesmo), explico. Minha meta é melhorar o meu ecossistema 30% ao ano. Assim, a cada três anos, nós dobramos os nossos negócios. Como fazemos isso? Com autoridade, autoralidade, austeridade e autonomia, que eu chamo de *Four A* (quatro As, em inglês).

> **Four A** = Autoridade → Autoralidade → Austeridade → Autonomia

- **Autoridade**: É o conhecimento que você tem da área. É aquele conhecimento técnico que adquiriu ao longo da vida. No meu caso, é a Medicina. Mas pode ser Engenharia, Moda, Jornalismo, Contabilidade, enfim, o conhecimento aprofundado e técnico que você tem em alguma área.
- **Autoralidade**: É o seu diferencial. Aquilo que, dentro da área técnica, você faz diferente do que tem no mercado, o que é inovação.
- **Austeridade**: É a necessidade de ser firme em suas decisões, ser rigoroso, tratar as questões financeiras com muita responsabilidade. Na minha holding, todos os meses nós cortamos gastos, entre fixos e variáveis, e não apenas quando somos obrigados. Isso nos dá a tranquilidade de trabalhar sempre em uma zona muito tranquila, permitindo um reinvestimento no negócio que chega a 80% todos os meses.
- **Autonomia**: É a capacidade de tomar decisões levando em consideração o seu conhecimento prévio, a sua experiência e a competência em resolver situações.

---

46. CLEAR, J. **Hábitos atômicos:** um método fácil e comprovado de criar bons hábitos e se livrar dos maus. Rio de Janeiro: Alta Life, 2019.

Four A é uma fórmula que pode ser seguida por qualquer negócio. Pense bem: sem autoridade, sem autoralidade, sem austeridade e sem autonomia, um negócio não consegue caminhar sozinho. Por isso, eu associo o *Four A* ao *For Way* (para o caminho, em inglês), ou seja, um caminho a seguir, um caminho para se inspirar e se destacar, o caminho para a sua empresa se tornar rentável e ser a melhor do segmento em que se propõe a atuar.

Agora você conhece o quinto degrau e precisa deixar de ser a pessoa que só queria abrir uma empresa e sonhava em ter um negócio próprio para verdadeiramente se tornar um líder. E você só consegue fazer isso se preparando, estudando, agregando o máximo de conhecimento possível. O método Stanley's Ecosystem foi preparado para você mudar de *level* na sua vida. Eu sei que não é fácil e que muitos imprevistos surgirão no meio do caminho. Mas acredite em quem passou por muitas provações ao longo da vida empreendedora: não há dificuldade para o ímpeto e para a força de trabalho. Fortaleça sua conexão com as pessoas e aprimore constantemente os seus processos. Lembre-se de que chegar ao topo depende do seu esforço e que alcançar o lugar mais alto será imensamente recompensador.

Sua vida está prestes a mudar

CAPÍTULO 9

LEMBRO-ME DE UM DIA ESTAR NO ESCRITÓRIO e meu telefone tocar. Do outro lado da linha estava o Leonardo Tadayesky,[47] médico ortopedista que procurava um emprego. Achei que eu precisava entender melhor o que esse profissional queria e marcamos um encontro em São Paulo. No dia marcado, ele e sua esposa, a Leticia Pietropaolo, médica dermatologista, vieram juntos e me contaram que tinham um consultório e que a situação financeira os deixava bastante confortáveis, se não acomodados. Porém a pandemia da covid-19 virou a vida dos dois pelo avesso. O faturamento caiu vertiginosamente, e os dois voltaram a atender em prontos-socorros.

Quem não passou por isso? A pandemia colocou setores econômicos inteiros à margem do desespero. Quem não estava preparado – e vamos combinar que, praticamente ninguém esperava uma crise sanitária – precisou fechar as portas, reinventar a profissão ou viver à beira da falência.

Durante nosso papo, falei para o Leonardo sobre meu plano de expandir as clínicas, e ele não pensou duas vezes para me fazer a proposta: "Vamos abrir juntos uma clínica no interior de São Paulo?".

---

47. Leonardo Tadayesky, em entrevista concedida ao autor em 5 de julho de 2023.

A partir daí, vou deixar o próprio Leonardo contar o que aconteceu com a vida desse casal:

Comprar a clínica e virar sócio do dr. Stanley foi a melhor coisa que aconteceu em nossa vida. Nós já tínhamos a parte técnica, mas precisávamos aprender sobre gestão, e o modo Stanley de liderar nos ajudou muito. Enquanto estávamos com a clínica em Campinas, eu trabalhei na clínica do grupo em Alphaville ao seu lado e ele foi um mentor para mim. O dr. Stanley nunca me dava a solução de um problema. Eu levava a solução e juntos achávamos o melhor caminho a seguir. Aprendi muito, e isso mudou a minha vida e a da Leticia. Hoje realizamos quase setenta cirurgias por mês, e a ideia é encostar nas cem. Além disso, aprendemos a trabalhar em ecossistema, e estamos começando o nosso. Já temos três empresas. Minha mentalidade mudou. Se antes eu tinha o pensamento só voltado para atender o paciente, agora eu incorporei a questão estratégica. Aos poucos fui deixando a parte técnica e me dedicando à gestão, hoje me dedico inteiramente à operação das empresas e estou cada dia mais satisfeito.

O Leonardo e a Leticia mudaram de vida quando passaram a trabalhar com a mentalidade voltada aos negócios e entenderam que poderiam criar o próprio ecossistema. Eles não mediram esforços para aprender, crescer, fazer um plano de negócios dar certo e para virarem líderes. Chegar a esse ponto que eles conquistaram não foi um acaso do destino, mas sim resultado de muita determinação, motivação e disciplina. A motivação é aquela semente que cresce dentro de nós, impulsionada por um objetivo. Diferente da empolgação, que surge em um rompante e vai embora rapidamente, a motivação vira um combustível para querer mais, aprender mais. É uma alavanca de crescimento que precede a ação rumo ao seu objetivo.

Este livro foi preparado para você se sentir motivado. O Stanley's Ecosystem é um método que passei anos lapidando para que você o aplique imediatamente e comece a colher os resultados no seu negócio. No começo, eles serão pequenos, mas não deixe de comemorar e usar esses momentos como combustível para mais motivação e aprendizado. O Leonardo e a Leticia, por exemplo, mesmo já com a clínica e com o método aplicado e dando resultados, não deixaram de participar da Stanley's Business, imersão que ensina como fazer a gestão de um negócio. Com os degraus do método, eles também foram construindo a sua própria escada e estão subindo degrau a degrau rumo ao topo.

Eles só devem comemorar quando chegarem ao pico? Não. E você também não. Cada resultado obtido, por menor que seja, deve ser comemorado. As pessoas têm o hábito de comemorar só os grandes campeonatos, mas as pequenas conquistas também devem ser apreciadas, porque tudo é um avanço. Terminou de ler este livro? Comemore. Fez as lições propostas em cada capítulo? Comemore. Criou o seu plano de negócios? Comemore. Tudo isso serve de alimento para a sua vida profissional e pessoal. Eu, por exemplo, gosto de comemorar as vitórias primeiro com a minha família, depois com a minha equipe e, por fim, comigo mesmo. Isso mesmo. Não posso deixar de presentear o meu esforço pessoal. Então eu me dou relógios, roupas, carros, livros e até viagens. O nível que cheguei na minha carreira me permite isso. Por que não?

"Ah, dr. Stanley, eu nem comecei e já vou gastar com presentes?" Claro que não. O que eu estou falando não é para sair gastando, mas sim escolher algo para marcar aquela conquista. Pode ser tirar um tempo livre, fazer um passeio, ir ao cinema. Não sei se você já ouviu falar na economia de fichas. Trata-se de uma metodologia oriunda da Psicologia em que comportamentos positivos são reconhecidos por meio de algo positivo. Ou seja, você faz alguma coisa positiva e como recompensa recebe algo que considera positivo. Diante disso, nosso cérebro passa a trabalhar constantemente em busca de melhorias, já que busca sempre ser recompensado no final do processo.

A motivação é aquela semente que cresce dentro de nós, impulsionada por um objetivo.

@stanleybittar

> Na Stanley's comemoramos cada venda, cada meta, cada fechamento de mês, criamos rituais para lembrar a todo momento que cada vitória importa.

ANÁLISE SWOT DE SI MESMO

Outro fator que vai interferir na sua vida é a disciplina. Uma atividade só entra de vez na rotina se existir disciplina. O mesmo acontece com as suas atitudes. Você deve, sim, comemorar a sua primeira venda, mas mantendo a disciplina de voltar o foco para a empresa até fazer a segunda venda, a terceira, a milésima e assim por diante.

O que eu oriento é que você faça uma análise SWOT – aquela mesma usada para encontrar os pontos fortes e fracos do seu negócio – de si mesmo. Você já parou para se autoanalisar? Garanto que será um exercício profundo de autoconhecimento e desenvolvimento pessoal.

O modo de fazer é o mesmo do modelo corporativo. A diferença é que analisará a própria vida. A primeira linha dessa análise refere-se ao fatores internos, aquela história de você com você mesmo. Assim, na letra S, coloque os seus pontos fortes. Para encontrá-los, pense: Quais são os seus valores? Quais características suas são as mais elogiadas? O que faz com que você se destaque das pessoas que estão à sua volta? O que você faz e sente que é muito bom?

No W, coloque os seus pontos fracos. Para isso, analise o que você não se sente confortável em fazer: Quais habilidades sente que precisa melhorar? Que características suas são apontadas pelas outras pessoas como negativas?

A segunda linha está relacionada ao mundo externo. Então, no O coloque as suas oportunidades profissionais e pessoais. Para encontrar essas respostas, você pode pensar na sua rede de contatos, no nível de interação que tem com as pessoas e como isso pode se reverter em algo positivo para você, nas tendências de mercado que estão surgindo e como elas podem ser benéficas para sua profissão.

Já no T determine as ameaças que podem atrapalhá-lo a atingir seus objetivos. Pense no que pode ocorrer e impedir você de chegar aonde deseja.

Fatores internos	
Strengths (forças)	**Weaknesses** (fraquezas)
Opportunities (oportunidades)	**Threats** (ameaças)
Fatores externos	

As informações acima darão uma amostra dos desafios que você vê à frente, quais oportunidades estão presentes ao seu redor e ainda onde você é bom suficiente e onde precisa melhorar.

Sugiro que você comece fazendo essa análise a cada seis meses. Depois, repita a cada três meses até criar o hábito de fazê-la mensalmente. Eu faço a minha análise SWOT o tempo todo, a cada negócio que surge. Ela ajuda na tomada de decisões da vida, na definição de metas, na identificação das potencialidades e mostra como alcançar objetivos. Lembra-se que o passo 1 do Stanley's Ecosystem era a definição de objetivos para o seu negócio? Poxa, se até a sua empresa tem objetivos, por que você não deve ter?

Se você não tem o seu alvo, se não sabe para onde está indo como pessoa, dificilmente vai conseguir conduzir uma empresa. É como entregar um barco para um condutor que não sabe para onde está indo, como ir e o que fazer lá. Não caia nessa armadilha.

Depois de se autoconhecer, eu sugiro que faça uma lista com as suas metas de curto, médio e longo prazo. Desde pequeno eu faço isso. Penso onde quero estar em um, cinco e dez anos. É um treino. Como empreendedor, você precisa treinar a sua visão de mundo, como percebe o mundo, como o mundo gira em torno de você. Essa percepção vai lhe permitir criar as estratégias para colocar os seus objetivos em ação. Por exemplo, se você quer ter um ecossistema com cinco, seis empresas daqui cinco anos, já sabe que precisa trabalhar desde já para que esse objetivo realmente seja alcançado. Se quer comprar um carro no próximo ano, como vai se planejar para ter o dinheiro e comprar esse veículo? Tudo é uma questão de escolhas nesta vida, então eu quero que, baseado nesse autoconhecimento, você consiga fazer as melhores escolhas para a sua vida pessoal e depois para a vida da sua empresa.

MUDE SEUS HÁBITOS PARA MUDAR DE VIDA

Se a falta de objetivos pode ser um limitador do seu crescimento profissional e pessoal, os seus hábitos podem ser um limitador para a sua saúde física. Mas o que isso tem a ver com empreender? Se o seu corpo não está são, como você vai ter energia para abrir uma empresa e comandar seu império? Os hábitos moldam o seu estilo de vida, portanto, se eles estão desequilibrados, certamente sua vida como um todo também estará.

E eu nem sou louco de pedir para que você mantenha uma vida em total harmonia. Isso é impossível. Mas se ficar atento a estes quatro hábitos principais, já fará um bem danado a si mesmo.

O primeiro deles é a **alimentação**. Se você não se alimenta direito, não faz escolhas saudáveis, não tem horário para fazer as principais refeições e as pula por falta de regras, está fadado ao insucesso. Não há corpo que consiga sobreviver se não tiver um suporte nutricional adequado.

O segundo é a **prática de exercícios físicos**. Eu sou de uma época em que nós éramos obrigados a fazer Educação Física na escola e que tínhamos que aprender vários esportes para passar de ano. Embora ainda seja uma disciplina obrigatória na educação básica, ela não tem mais o mesmo

Poxa, se até a sua empresa tem objetivos, por que você não deve ter?

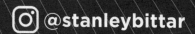 @stanleybittar

peso que tinha antes. Assim, aquele hábito de fazer exercícios físicos ou praticar um esporte que a gente adquiria na infância está se perdendo.

O terceiro é a **busca pela espiritualidade**. E não estou falando de religião, mas sim de espiritualidade, que é entender que existe uma força maior que nós. Vários estudos já mostraram evidências da influência das crenças espirituais na saúde física e mental. Um estudo realizado na Faculdade de Creta, na Grécia, mostrou que a maior frequência de uma oração ou de uma educação voltada à espiritualidade foi associada ao surgimento de menos fatores de risco para doenças crônicas como obesidade, tabagismo e altos níveis de consumo de álcool.[48] E esse é só um dos estudos. Cresce a cada dia o número de pesquisadores que tentam entender a associação, que para mim é bem clara, da espiritualidade com o bem-estar físico e mental.

O quarto hábito são os **relacionamentos**. Eu já falei muito aqui sobre a importância das conexões para a saúde da sua empresa. Mas você também precisa fortalecer as suas conexões pessoais para o seu próprio bem-estar. Somos seres sociais e gostamos de estar juntos, de trocar ideias, de estar rodeados de pessoas que nos fazem bem. Isso dá sentido à vida.

Um estudo, considerado o mais longo do mundo, analisou justamente o poder dos relacionamentos na longevidade. Durante setenta e cinco anos, pesquisadores de Harvard acompanharam um grupo de 724 homens que tinham acabado de ser aprovados na universidade. Desses, 60% chegaram aos 90 anos. A cada dois anos, os participantes respondiam a um questionário e passavam por exames físicos, incluindo neurológicos. O que se observou ao final desse longo período foi que a felicidade não estava nas riquezas acumuladas ao longo da vida, nem na fama alcançada ou no cargo de prestígio obtido. Embora os

---

48. LINARDAKIS, M. *et al.* Are religiosity and prayer use related with multiple behavioural risk factors for chronic diseases in European adults aged 50+ years? **Public Health**, v. 129, n. 5, p. 436-443, maio 2015. Disponível em: https://pubmed.ncbi.nlm.nih.gov/25769346/. Acesso em: 26 jul. 2023.

participantes do estudo tenham apontado esses três fatores como motivos de felicidade no início do estudo, o que se observou é que as relações que cultivaram e mantiveram foram as responsáveis por deixá-los mais felizes. E mais: as boas relações ainda atuaram como um fator protetor do cérebro, ajudando-os a deixar a memória ativa por mais tempo.[49]

E qual é a primeira conexão que fazemos na vida? Com a família. Não deixe de estar entre os seus. Sei que no começo da vida como empreendedor as horas para estar ao lado dos seus pais, do seu marido ou esposa e dos filhos serão escassas, mas ter um ecossistema é o caminho mais certo para ter liberdade, qualidade de vida e tempo para estar com as pessoas que lhe fazem bem. Hoje eu não preciso estar todos os dias olhando detalhe por detalhe das minhas empresas, elas caminham sozinhas. E isso me permite ter tempo para estar com a minha família e com meus amigos. Eu tenho amigos que trato como irmãos, então essa socialização deve ser utilizada como tratamento, algo terapêutico como remédio. As relações constroem.

Falando em construção, você está começando a construir a sua nova vida. Eu lhe entreguei um método que aplico em minhas empresas, que deu certo para o Leonardo, para a Leticia e para inúmeros empreendedores que já passaram pelos treinamentos e palestras que ministro e pelas imersões que realizo. Esse é um plano de ação comprovado e validado na prática.

Empreender é uma missão de vida. Você empreende para fazer o bem para si mesmo, para ser mais feliz; para buscar a riqueza, mas também fazer o bem para as pessoas que estão ao seu redor e a sociedade que você vive. Eu afirmo: é possível fazer o que ama e ter sucesso com isso!

---

49. WALDINGER, R. O que torna uma vida boa? Lições do estudo mais longo sobre a felicidade. **TEDTalks**, nov. 2015. Disponível em: https://www.ted.com/talks/robert_waldinger_what_makes_a_good_life_lessons_from_the_longest_study_on_happiness?language=pt. Acesso em: 17 jul. 2023.

Seja um iluminado

CAPÍTULO 10

CHEGAMOS, ENFIM, AO ÚLTIMO CAPÍTULO deste livro. Nestas páginas, você aprendeu conceitos importantes que o ajudarão a criar o seu ecossistema de negócios, e aprendeu também que, assim como ocorre na natureza, precisa existir uma colaboração mútua entre os indivíduos para que todos prosperem. É o *win-win*, ou ganha-ganha.

Quero aproveitar agora este espaço para levar você para uma outra dimensão. Você já ouviu falar em iluminação divina? Por definição, iluminação divina refere-se à compreensão ou insight profundo, muitas vezes acompanhado de um sentimento de paz e harmonia. É a consciência da conexão profunda entre indivíduo e universo, permitindo clareza de pensamento, propósito e ação. Esse conceito já foi amplamente discutido nos contextos espirituais e religiosos, porém esse momento de introspecção espiritual ainda é pouco associado à área de negócios. Quando as empresas operam sob um paradigma iluminado, todos se beneficiam: o empresário, seus colaboradores, os clientes e a comunidade ao redor.

O mundo dos negócios é uma rede intrincada e interconectada. Quando iluminamos esse ecossistema com a luz divina, podemos ver claramente como cada componente desempenha um papel crucial no todo. Essa visão nos ajuda a tomar decisões mais informadas, a ser

Quando as empresas operam sob um paradigma iluminado, todos se beneficiam: o empresário, seus colaboradores, os clientes e a comunidade ao redor.

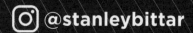 @stanleybittar

mais compassivos e a compreender melhor as necessidades de nossos stakeholders.[50]

Sua empresa precisa ser como um templo, um lugar onde a luz divina brilha a todo instante. Dessa maneira, começamos a operar com uma vibração diferente e uma posição de respeito, integridade e amor. Cada decisão tomada, cada produto lançado, cada interação com o cliente se torna uma expressão dessa luz. Além disso, quando aplicada à cadeia de abastecimento, garantimos que todos os envolvidos sejam tratados com justiça, respeito e compaixão, resultando em uma comunidade mais ética e sustentável.

Ao tratarmos cada cliente como uma expressão da divindade, estabelecemos relacionamentos mais profundos, significativos e duradouros. Essa abordagem não só beneficia os negócios, mas também enriquece a alma.

Assim como o caminho espiritual tem seus obstáculos, a integração da iluminação divina nos negócios tem seus próprios desafios. No entanto, com perseverança, fé e discernimento, todos eles podem ser superados.

Você, como líder, precisa cultivar essa iluminação interna para poder lançar luz ao seu ecossistema empresarial externo. É algo que parte de dentro para fora – de si mesmo e da sua empresa – e envolve práticas diárias de introspecção, meditação, estudo e ação consciente. Empresas iluminadas prosperam financeiramente e se tornam líderes em inovação, pois estão sintonizadas com uma fonte superior de sabedoria e criatividade e agem de acordo com o seu propósito divino.

Todo negócio que opera sob um propósito divino tem uma direção clara, uma missão que vai além do lucro, uma visão que inspira e motiva todos os envolvidos.

Neste livro, mesmo sem você perceber, apresentei um ecossistema que adota os princípios de iluminação divina. Integrar esse sistema ao seu ecossistema de negócios não é apenas uma aspiração nobre, mas uma necessidade no mundo empresarial moderno.

---

50. Stakeholders – são todas as pessoas que têm algum tipo de interesse em uma empresa.

Ao tratarmos cada cliente como uma expressão da divindade, estabelecemos relacionamentos mais profundos, significativos e duradouros.

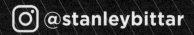 @stanleybittar

As empresas que adotam essa abordagem não apenas prosperam em termos materiais, mas também contribuem para a elevação da consciência coletiva e para a criação de um mundo mais amoroso, justo e sustentável.

Então, agora eu tenho uma proposta para lhe fazer: seja um iluminado. Coloque a iluminação divina, aquela mesma que rege a sua vida pessoal, dentro dos seus negócios. Não tenha medo e nem receio. As empresas que operam sob um paradigma iluminado testemunham transformações incríveis em sua cultura, produtividade e lucratividade.

Repleto desse sentimento, parta para a ação imediatamente. Faça o seu plano e use essa nova lupa para iluminar o mundo e mirar o seu futuro. Persiga seus objetivos, não desista perante as dificuldades e acredite em si mesmo. O único inimigo à sua frente é aquela pessoa que você vê todos os dias pela manhã no espelho: você mesmo!

O seu futuro é próspero, rico e iluminado porque você entendeu o que realmente importa para ter resultados e alcançar o alto desempenho empresarial e o autodesempenho. Tenho certeza de que este livro será um salto, um trampolim, um turbo na sua vida rumo à outra dimensão. Você alcançou outro nível agora, iluminando a si mesmo e a quem está ao seu redor.

Quer continuar aprendendo a crescer de maneira exponencial nos seus negócios? Convido você para fazer parte da Comunidade de Iluminados. No QR Code desta página você tem mais informações sobre esse grupo especial que o ajudará de maneira contínua a aprender e se aprimorar.

Também fique à vontade para compartilhar seus resultados comigo por meio do meu Instagram. Ficarei feliz com o seu sucesso!

Vamos seguindo com Deus e para cima, crescendo sempre!

Agora eu tenho uma proposta para lhe fazer: seja um iluminado.

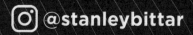 @stanleybittar

Este livro foi impresso pela Gráfica Rettec
em papel pólen bold 70g em novembro de 2023.